大学之道

如何成为更好的自己

王一 著

人民邮电出版社

北 京

图书在版编目（CIP）数据

大学之道：如何成为更好的自己／王一著.

北京：人民邮电出版社，2025. -- ISBN 978-7-115
-65135-8

Ⅰ．G645.5

中国国家版本馆 CIP 数据核字第 2024M5399B 号

内 容 提 要

本书作者结合自己多年来在高等教育第一线工作的亲身经历和教学经验，向读者介绍提高大学学习效率和生活质量的理念和方法。本书旨在为即将步入大学的高中生和处于迷茫阶段的大学生提供客观有益的指引和建议，帮助他们度过充实且有意义的大学生活。本书从学习、能力、社会、科研四个维度介绍大学生应该如何规划大学生涯，包括建立中学与大学的课程衔接，选择适合自己的学习路径，有效提高自己的学习效率，锻炼自己的多方面能力，充分认识科研与其他行业的工作等。本书不仅是大学生的生活指南，更是大学生个人成长和未来发展的宝贵指南，非常适合即将步入大学的高中生、在校的大学生及想要好好规划人生的读者阅读。

♦ 著　　　 王 一
　　责任编辑　胡玉婷
　　责任印制　马振武
♦ 人民邮电出版社出版发行　　北京市丰台区成寿寺路 11 号
　　邮编　100164　　电子邮件　315@ptpress.com.cn
　　网址　https://www.ptpress.com.cn
　　三河市中晟雅豪印务有限公司印刷
♦ 开本：700×1000　1/16
　　印张：11　　　　　　　　　　2025 年 5 月第 1 版
　　字数：150 千字　　　　　　　2025 年 5 月河北第 1 次印刷

定价：59.80 元

读者服务热线：(010)53913866　印装质量热线：(010)81055316
反盗版热线：(010)81055315

推荐序

    在教育的广袤星空中，我已默默耕耘四十余载，见证了无数"青春之花"的绽放与蜕变。身为香港科技大学的副校长，我常常与怀揣梦想或充满迷茫的学子们相伴。我发现，学子们或因一次考试的失利而彷徨，家长们则因对孩子未来的期盼而焦虑不安。特别是在当下的教育环境中，许多人将一些考试视作命运的分水岭，仿佛这些考试能对人生一锤定音。然而，生命的旋律真的只由一次次的考试谱写吗？

    在青春的赛道上，每一步都伴随着选择与抉择。很多学生与家长往往将人生的每一个阶段都当作百米竞赛，过度聚焦于眼前的每一次冲刺，渴望脱颖而出。然而，这种过度的紧张与焦虑，不仅给自己加上了沉重的负担，也消耗了宝贵的资源。我们不妨仔细想想，未来的道路是否真的会因某一次考试的失利变得黯淡无光？

    面对这些疑惑与不安，我的挚友、中国科学技术大学的杰出校友、香港科技大学王一教授，用其睿智与幽默写就本书，给出了针对这个问题的深刻解答。

    王教授凭借其丰富的阅历与独到的见解，为年轻的学子们绘制了一幅前行的蓝图。他在书中提出：人生如马拉松。这一比喻不仅生动地描绘了人生的真谛，更提醒我们应以长远的眼光审视每一次得失，以坚忍的毅力应对每一个挑战。在这个飞速发展、竞争激烈的时代,王教授的洞见无疑给了我们宝贵的启示,促使我们深思生命的真正价值。

王教授还告诉我们:每个人成长之路的起点与路径都是独一无二的,成长速度也有快有慢,但慢并不意味着落后或失败。相反,人生之路是一个积累力量、认识自我、超越自我的宝贵历程。正如马拉松选手在不同赛段展现不同的风采,关键在于持之以恒、不断前行。这对于每个人来说,都具有深远的启示意义。

在职业选择与规划方面,王教授也给出了独到且实用的建议。他强调个人兴趣与特长的重要性,同时也提醒大家要关注市场需求与发展趋势。通过引入"找工作难易分析"等实用工具,王教授为大家搭建了一个理性评估职业前景的框架,帮助大家做出明智的选择。

此外,王教授在本书中还针对大学生活的各个方面,从时间管理、有效沟通到公共演讲和人际关系建立,给出了全面而细致的指导和建议。尤为珍贵的是,他还特别提及了如何防范和应对"PUA"等不良社交模式,这些内容不仅与时俱进地关注了现实问题,更体现了他对学生身心健康的深切关怀。

作为一名科研工作者,我尤为钦佩王教授对科研生涯的深刻洞察。他以自身的成长经历为例,为有志于学术研究的学子们描绘出清晰的成长道路。从本科生的科研启蒙到研究生阶段的深入探索,王教授的经验与建议如同一盏明灯,照亮了莘莘学子的科研之路。

本书的附录部分更是"藏龙卧虎"。王教授慷慨地分享了宝贵的学术知识与技能,涵盖了科学直觉的培养、科研灵感的来源以及学术论文写作的精髓等。这些内容对于每一位渴望投身学术的新人来说,都是极为宝贵的财富。

　　回首自己的求学岁月，我不禁感慨万分：若能在大学时期读到王教授的这本书，我的人生或许会更加丰富。本书不仅是一本大学生的必读之作，更是每一个追求卓越、渴望成长的现代人的心灵指南。

　　在此，我诚挚地向大家推荐这本书——无论是中学生、大学生、研究生，还是教育工作者，每一位希望实现自我超越的个体，都能从本书中获得人生启迪。让我们共同跟随王一教授的步伐，像跑马拉松一样，坚持探索知识的海洋，追寻智慧的真理，书写属于我们自己的精彩人生。

汪扬

香港科技大学副校长

自 序

　　我特别怀念我的高中、大学生活——那时的我，拥有人生最灿烂的阳光。

　　但是，高中、大学时的我，也会时常迷茫、无助。那时的我对未来充满向往，但除了努力学习、准备考试外，又对未来近乎一无所知。

　　如今，我已在大学任教、开展科研工作近十年时间，也常在网上为同学们解答对未来的困惑。我深感，尽管现在是信息时代，同学们获取的信息已经比我在学生时代获取的信息丰富许多，但是，对未来，很多同学仍觉得迷茫和无助，甚至对未来没有任何设想，还没来得及迷茫。网络信息虽多，却也纷杂，不一定能帮助同学规划好未来。

　　我时常遐想，若坐上时光机，回到自己的高中、大学时代，我会希望对那时的自己，说些什么呢？

　　人生如黄河之水，奔流到海，匆匆而过。我再也无法把这些话说给那时的自己。而人生轨迹，如黄河九曲，走过的弯路，积淀成记忆，也不容再改变。不过庆幸的是，我仍可以，把我想对那时的自己说的话，分享给现在读高中、大学的同学们，以及家长朋友们。

　　我想与大家分享的这些内容，大致分为学习、能力、社会、科研四个部分。

学习部分着重介绍高中与大学课程的衔接、大学课程的特点，以及如何选择一条从学业过渡到事业的轨迹。

大学毕业后，我们可能会忘掉大学里学过的大部分知识，但学习过程中培养的能力，却使我们能胜任工作中的各种挑战。能力部分我们将从具体知识中抽离出来，从学习能力、创新能力、时间管理能力、沟通能力、抗压能力等方面，分享大学的学习生活中各种能力的培养方法。

大学毕业或研究生毕业后，同学们将进入社会，如河流入海。从大学到职场，同学们应该用自己的大学生活书写怎样的一份简历？这是社会部分将要介绍的内容。

大学毕业后是否要做科研？如果做科研的话，怎么把自己培养成一个学术大咖？科研部分将以本科生科研为主，介绍科研知识和经验。对于不想做科研的读者，书中介绍的科研思想也将为读者未来在各行各业的创新提供借鉴。

本书既是为同学们写的，同时也是为大学教育写的。当下，我国大学科研的发展日新月异，这为教育进步提供了坚实的基础。不过，无论是国内还是国际，与科研相比，大学教育的发展速度有待提高。我认为，大学，归根结底还是以教育和培养人才为本。教育如何发展，如何更好地培养人才，归根结底是要以需求为本。所以，我也期望这本为同学们写的书，能对大学的学者、缔造者与引领者有所启发。本书凝结我们对同学需求的思考，而同学需求的满足，亟须大家的助力。

在本书写作和修订的过程中，我特别感谢张程超老师，她以丰富的教学经验，以及对学生全方位的关心，对书稿提出了大量改进意见。感谢黄琰和于乐两位杰出的企业家，与二位的对谈，帮助我厘清了在"走向社会：汇百川终入海"一章中很多把握不准的地方。感谢刘宇梦、柳俊含、赵旺平等同学对书稿提出的修改建议。若读者对本书内容有建议、有感慨，也请不吝赐教，这里提前感谢各位读者朋友。

王一

2024 年 5 月 6 日于香港科技大学

目 录

第一章　认识你自己

本章导读

《道德经》说："知人者智，自知者明。"相传古希腊德尔菲的阿波罗神庙也镌刻着箴言"认识你自己"。所谓的"人贵有自知之明"，不仅是"掂量掂量自己斤两"的意思，更是告诉我们：自我认识，对自我发展十分重要。

认识自己，说来简单，谁还不认识镜子中的那个自己呢？[1] 但是，实际上，从内在到外在，从时间到空间来看，认识自己都不容易。

第一节　由内向外：你的特长、爱好和梦想一致吗？

我们常说，谋生、特长、爱好和梦想一致的人是幸运的。因为他们可以享受自己的工作，工作给他们带来的愉悦，不是休假和金钱可以替代的。[2]

多年来，我的特长和爱好就十分一致，那就是在大学研究理论物理，

1　其实，多数动物意识不到镜子中的影像是自己。所以，认识到镜子里的影像是自己，虽然不是人类的特权，但也是生物智能发展到很高阶段，具有一定自我意识的表现。不过，人尽管能"以铜为镜"见到自己的形象，却未必能做到"以史为镜、以人为镜"认识到自己的人格。

2　当然，这种"幸运"和"愉悦"只能用来要求自己，并不能作为老板用来克扣员工工资和休假时间的理由。

以及教授好大学里的课程。我的梦想是把科研和教学的事情做得更好。因此我十分享受工作带给我的愉悦，这也是我莫大的幸运。不过，我的谋生、特长、爱好和梦想能够一致，并非只是幸运的偶然，其实是一个多向奔赴的过程。

如果把一时兴起的梦想也算作梦想的话，我的第一个梦想是做修下水道的水管工。小时候，有一次家里厕所的水管坏了。上门维修的水管工把水管拆开，我发现原来在家里看不见的地方还藏着很多机关、结构。同样的兴奋，也出现在家里洗衣机坏了，请人来修的时候。这类梦想昙花一现，并没有把我变成一个机关迷、机械迷。当时我也不知道，修理工和钢铁侠，区别还是挺大的。

我的第一个认真而长期的梦想，是去说相声。当时，我在上小学低年级，听了一盘相声录音带，大受震撼，于是反复听，并搜集能找到的所有相声录音带来听。当时，我还编了很多现在看起来十分幼稚的笑话，写成两大本"笑话日记"。不过，这个梦想没有实现途径，我也没体现出和这个梦想相关的天赋，它就渐渐淡出了我的生活。不过，当老师后，有人说我是个"段子手"老师，或许这是儿时梦想成真的另一种体现。

后来，我迷上了计算机，特别是计算机编程。于是，我的梦想是成为比尔·盖茨。不过我那时只是碰巧知道这个名字，并把这个名字当成了计算机编程的代表，并不知道其实盖茨虽早年以编程起家，但他主要的工作是管理公司。计算机编程虽然没有成为我的主业，但它也成了我一生的爱好。我现在甚至还在大学里讲授编程算法的相关课程。

小学五年级，我看到一本《爱因斯坦传》，当时萌生了一点当物理学家的想法。但是，当时的我觉得自己不应该背叛计算机编程这个理想，并没有认真考虑未来研究物理。

不过，上中学之后，我最喜欢学物理，觉得钻研物理难题非常有趣[3]。从初中到高中，无论是考试还是学科竞赛，我的物理成绩和自己别的学科成绩比起来也都更好。这时，我的兴趣才逐渐转到物理上。直到考大学报志愿，该报物理还是计算机对我而言依旧是个困难的抉择。

现在，我以物理研究和教学为职业，这和我的爱好完美契合，但我与物理并非幸运地"一见钟情"，而是一个对自己兴趣与特长漫长探索的结果。其间，我还曾经以背叛了我之前喜欢计算机的理想转而喜欢物理为耻。当时我并没有意识到，"背叛"自己的一个兴趣爱好和背叛一个人不同，"背叛"兴趣爱好并没有伤害到谁，只是让自己能更灵活地适应世界。

回过头来看，我爱好什么呢？除了想去说相声，也爱好"整活"、编段子[4]。我的主要爱好就是，喜欢探索和想要理解世界是如何运行的。这个爱好足够明确，在大学里做研究就是这个爱好的归宿。同时这个爱好也足够广泛，它可以适配我的特长。如果我擅长的不是物理，而是任何一个其他学科，我都有望在一个研究型大学找到一席之地。

那么，我是不是幸运的呢？其实也算是。在我对自己的爱好和特长认识还不够清楚时，依然选择了物理。但是，如果我早一点对自己认识得更清楚些，在爱好和特长的交界面上，选择物理这个结合点就不会像当时那样困难了。

虽然，我的爱好和特长未必与你一样，但是，对于多数人而言，爱好并不是一个点，而是一个面。你可能对自己认识不够，只看到了一个点，或面上的少数几个点而已。当你对一件事感兴趣，一方面要把这件事干好；另一方面也应该探究，为什么对这件事有兴趣，是你的什么特质，使这件

3　有人说"应试教育"扼杀人的创造力，这点我并不赞成，因为我觉得自己如果有一点创造力，那么主要是钻研物理题锻炼出来的。

4　这个儿时看起来奇特而孤独的爱好，现在却在教学和科普当中有了用武之地。

事吸引了你？这样，随着你对自己内在的进一步了解，你也许就能发现自己更多的兴趣，而这些兴趣，就有更大的可能，与你擅长的事情产生交集。

第二节　读大学，选什么专业？

我不是给人推荐专业的专家。关于如何选大学，如何选专业，网上有很多经验分享和报考指南，虽然这类分享或指南中的"大实话"有时过于现实，甚至有点功利，但是有一些还是有参考价值的。

在多数情况下，家长给孩子推荐专业倾向于现实：哪个专业好找工作？找到的工作最好是钱多、事少、离家近的。同学们自己则可能更加理想：根据自己喜欢学的科目选专业，可能没想太多别的。

我觉得，选专业首先还是看特长和兴趣爱好。特长比较好找：高中的时候学哪科最省力，高考之后看看大学课程，是不是也不太难。不过兴趣爱好，我建议大家要仔细想一想。其实一个人的兴趣爱好范围可能比他自己意识到的广泛得多，未必非一科不学。不妨多了解一些方向，比如多看一些专业方向，进一步了解自己是不是其实对很多方向都感兴趣。如果兴趣多，选择也就广。

那就业现实如何呢？

在选大学专业的时候，想要准确预估未来就业时的情况是非常困难的。本科四年，各个专业的热度可能出现巨大变化。如果再花两三年读硕士，又花三四年读博士，十年之后的就业市场，当下没人能够准确预测。所以，选特别热门的专业时，请再三考虑。如果这个专业可能只是一时的热门之选，是否有必要顶着巨大的竞争压力坚持选它。

另外，咨询选专业专家时，同学有时可能听不到"大实话"，这也是选专业的难点之一。如果你去问大学中的老师，哪个专业好找工作？这个老师会倾向于告诉你，自己的专业就很好找工作（如果你问的是来中学招生的大学老师，那就更是这样了）。这也未必是"忽悠"你，毕竟这个老师自己找到工作了，存在幸存者偏差。

再有，中学喜欢或擅长学习某一科，和大学还喜欢或擅长学习这科，未来就业喜欢或擅长从事专业对口工作，是完全不同的。某个专业的对口工作可能在实验室里、工厂车间里、深山老林里，但是学习的时候，全都被投射在书本和习题里，两者的感受是完全不同的。所以，选择专业时除了考虑兴趣和特长，还需对未来进行预判。

当然，选专业并非不可知论。从现在，也能看到未来的趋势。如果你是某行业中的资深从业者，判断力非凡，那么对该行业及相关专业的判断肯定是相对准确的。不过，如果你对某个行业并不了解，我有以下两个建议。

第一，和大家分享我的"找工作难易分析"[5]：打开一个主流大学官方主页，找到你感兴趣的专业的页面，一般能查到该专业的教授名单。看其中助理教授的履历（他们的入职时间较短，所以能反映较新的情况），看他们在博士毕业后，是不是可以直接获得教职工作，还是要做博士后才能当教师。多看一些人，因为这样随机误差较小。这些人做博士后工作的平均年限，就体现了这个专业找工作的难易程度。需要做博士后工作的时间越长，说明博士毕业后需要"排队"等待稳定工作的时间越长。那么，这个专业可能越难找工作。

---

5 看上去这个"找工作难易分析"只体现了找大学教职工作的难易程度。但其实它对毕业生找专业对口的工作的难易程度也有所体现。这是因为，如果一个专业的大量优秀毕业生都能找到不错的工作，那么这个专业找教职工作的难度也会随之下降，于是做博士后工作的年限也会降低。

第二，我个人对未来的肤浅判断：未来，随着中国越来越多的企业从"跟随"走向"引领"，研发岗位会大幅增加。大家可以看看，目前仅是华为和几个互联网"大厂"，就提供了大量的研发岗位。我相信，未来在各个领域会有越来越多这样的企业提供相应的研发岗位。

不过无论如何，我觉得在尽量拓展兴趣的基础上，选专业应先考虑兴趣，再考虑和现实做平衡。因为如果去学一个自己不感兴趣的专业，很难学好，也很难发挥自己的潜力。这样一来，再好的专业，对自己也未必就好。大学，毕竟还是追求梦想的地方。

第三节　醒醒啊，这是奥运会

认识自己，除了认识自己的特点，还可以在认识自己的过程中内化出一种自我提醒的力量。

网上有个著名的视频片段：在某一次奥运会某个项目比赛上，一位运动员在第一场比赛中形同梦游，输掉比赛。他的总教练对他说："醒醒啊，这是奥运会！"[6] 经过总教练提醒的运动员随后一路连胜，顺利晋级。

人在一生中常有犯糊涂的时候，而不常有一位外在的教练提醒我们"醒醒"。但是，自我意识却像一位"内在教练"一样，可以在重要时刻提醒自己，发挥出水平。

如何让"内在教练"发挥作用，并且能在关键的时候发挥作用？人的心理是奇妙的。我很难科学地说出，这位"内在教练"如何有效地起

---

6 原话是："这样打肯定不行啊，一定要醒醒！别蒙了，在场上不能蒙！得兴奋起来，这是奥运会！开始了，明白吗？"而"醒醒啊，这是奥运会"是网友的提炼，作为对自己的提醒，我认为经过提炼的这句话更有力、更有效。

作用。但就我个人体验而言，如果对自己缺乏认识，浑浑噩噩，这位"内在教练"就不会知道什么时候该提醒自己，也不知道该用什么方式提醒自己。但认识到自己何时该被提醒及如何提醒之后，这位"内在教练"则可以激发自己的力量。

以我自己为例，我以前有个大毛病是粗心大意。随着自我认识的提升，我自己渐渐发觉，提高专注力，就可以改掉粗心大意这个毛病。而如何提高专注力，何时有意识地提高专注力，就是"内在教练"可以提醒自己的。

在我意识到应该用专注来避免粗心大意之前，我曾多次考试因为粗心大意而发挥失常。比如，我在参加中学生物理竞赛省内复赛的时候，因为写错库仑力公式，犯了低级错误，最后只考到全省第十名，失去了参加全国决赛的机会。类似这样的事情还发生过很多次，让我觉得自己是个每到关键场合就"掉链子"的人。而当我渐渐意识到可以有意识地保持专注，并应该在重要的时刻保持专注时，[7]粗心大意犯糊涂的情况就少多了，也不再专挑关键场合"掉链子"了。

当然，你可能很细心，没有和我一样的毛病。但是人无完人，认识到自己有什么缺点不是一件容易的事。可能家长和老师都指出过你的缺点，你都听烦了，但是你自己不觉得这是缺点，而是特点。不过，当你认识到自己的缺点时，你的"内在教练"也会看到，原来你很容易就可以做得更好，这时改进不足、做更好的自己，就容易多了。

哪些建议值得听取？这些都是我们在认识自己的前提下，才能知道的。生病吃药需对症，同样，对人也并没有包治百"病"的建议。例如，对焦

---

7 说来好笑，我是怎样做到有意识地保持专注的呢？出国留学后，当我在国外做学术报告的时候，因为英语不好，非常担心听不懂同行用英语提的问题。所以，每次报告后，我在同行提问的时候就会特别专注，从而发现了如何让自己进入专注状态，同时发现了这种专注不仅可以让我多听懂点英语，也可以帮我克服粗心大意的毛病。

虑的同学，我们会用各种办法劝导对方不用太担心，但假如把这些办法提炼成一句"别想太多"去劝导所有人，那么对本来就想得不够多的同学，就是有害的了。[8]

第四节　由外向内：你眼中的自己和别人眼中的你

你说话时，耳朵里同时能听到自己的声音。但是，请跟我做个小实验，即兴讲一段话，比如用几分钟时间，讲一讲你的特长、爱好与梦想，用录音机（或者手机上的录音小程序）录下来，再回放。听回放的时候思考两个问题：一是回放的声音，和你说话时候听到的自己的声音一样吗？二是你听到的内容，和你说话时感觉你要传达的内容，是一样的吗？

如果你第一次做这个实验，或许会对结果感到吃惊。如果你是个熟练的音视频创作者，已经对音频视频中的自己见怪不怪了，也不妨回忆一下最初录音录视频时的感受。原来，机器录到的那个你，不是你自己心目中那个你。这是为什么呢？

第一，这是个简单的物理问题。你说话时听到的声音是通过空气和身体（特别是骨骼）两条路径传导到你的耳朵的，对这种声音你已经习惯了（心理学上，多数人倾向于美化自己的声音）。你在自己讲话时听到的自己的声音，往往会更好听一点。而录音机录下来的，是仅通过空气传播的，与你说话时听到的自己的声音相比，更像是别人听到的你的声音。[9] 如果你

8　本书会尽量考虑不同特点的读者，并且不时地提醒读者认识自己，把自己的需求和书中的内容结合起来。当然，书中可能会有一部分内容不适合你，但适合其他朋友。对这部分内容，你也可以用"知人者智"的观点来吸纳，原来世界上有很多人与自己是不同的，其他人有自身的长处，但也需要克服各自不同的困难。所谓"见自己，见天地，见众生"，如能做到，可谓"明智"。

9　当然，录音机和扬声器都有失真。所以别人耳朵里真正听到的你的声音什么样，只能说是个谜了。不过，你可以使用不同的设备录音来对比一下，多听几种自己的声音。

第一次听到录下来的自己的声音，觉得很难听，也千万不必自卑，你可能只是不习惯而已。在这里我想提醒你，别人耳朵中的你的声音，和你自己耳朵中的自己的声音，即使从物理上，也是不一样的。

第二点就有些奇妙了。即便声音音色不同，我听到的每一个字，和录音设备回放的每一个字、别人听到的每一个字总应该是一样的，怎么可能不一样呢？

但是，如果你讲话时的感觉和听回放时的感觉是完全一样的，那我只能说，"难道你是个天才"？据我所知，多数人都对录音设备回放的自己的声音很不满，包括我自己也是这样。我最初听自己即兴讲话的回放时，不满意的地方很多。

我的普通话如此之差。当然可能只有我这样觉得，很多普通话好的同学没有这个问题。

我说话时的语气词如此之多，有那么多讨厌的"嗯""啊""那个"。

我说话如此啰唆，经常说车轱辘话，无意义地同义反复。

你可能还会注意到很多其他表达上的问题。我的体验是，当你注意到了这些问题，讲话中就会下意识地避免这些问题，改善并不难。[10] 正确地认识自己，意识到这些问题才是最难的一步。

除了录音，还可以录视频。当我看到视频中的自己，我又发现了新的问题。

体态如此之差，勾肩驼背。这个问题经常有人提醒我，但是我并没有

---

10 不过有时我发现本来觉得已经改正的问题，过了一段时间之后，又偷偷地"溜"回来了，所以需要持续地关注和改进。

在意。只有自己看到问题，才有改善的动力。[11]

讲话时无意义的手势太多。没有手势时，手也常在体侧摆来摆去，会分散听众注意力。

目光游移不定（如果不是盯着提词器的话），显得没有自信。

当然，你可能没有这些问题，也可能发现了别的让自己不满的问题。如果一点问题都没有，那我想，你要么受过专业的演讲训练，要么真的是个天才。否则，在回看视频时，你会发现好多问题。

我在这里提到音频视频，有两个目的。

第一个目的，通过听自己的声音、看自己的影像，你会发现，你给别人留下的印象和你想给别人留下的印象是不同的。所以，你可以努力，让别人看到的你和你希望别人能看到的你，形象是一致的。

第二个目的，也是更重要的目的，是举一反三。声音和影像是直观的，但是你留给别人的印象，远不止表面的声音和影像。更重要的是你所做的事情和这些事情背后体现的性格与精神品质。你自认为的做事方式、自认为的性格和精神品质，是加入了自己无数心理活动的（正如你自己听到的自己的声音是同时通过空气和骨骼传导的一样），和别人看到的往往并不一致，甚至大相径庭。

希望你们可以看到并理解，别人眼中的自己和自己眼中的自己的区别。一方面，看到这种区别可以帮助自己改善言行举止，做更好的自己；另一方面，认识到有些区别是无法消除的，我们也需要与这些区别和解，这种

---

[11] 目前我的体态虽也一般，但比以前改善了许多。说来有趣，我改掉驼背的毛病是因为，有一天我忽然意识到它是一个物理问题：骨骼和肌肉之间的关系，就是弹簧和弹簧的平衡位置问题。于是，我会在平时有针对性地做一些相应拉伸，很快就改掉驼背的毛病了。

和解，是我们与世界和解的一个重要部分。

第五节 时间尺度上，你在人生马拉松的哪一段？

有句广为流传的话，我却不大认同——"不要让你的孩子输在起跑线上。"

先不说人生无法用比赛来概括，如果非要用比赛来比喻的话，那么人生更像马拉松，而不是百米赛跑。所以，没必要起跑即冲刺。合理分配"体力"，人生的后劲会更足。

很多刚上大学的同学，会感受到来自同班同学的压力。比如，如果你是个理工科专业的大学生，中学没参加过竞赛。那么你可能会发现，当你还在为所学的课程挣扎时，你班上那几个竞赛生（参加过竞赛的同学），已经学过了大一，甚至大二的课程。我带过的很多本科同学，都向我吐露过这种差距带来的困扰。下文中，我们主要聊理工科高考生和竞赛生的情况，不过相信别的专业，同学间因起点和基础不同，也会出现类似的情况。

我经常安慰学生的一句话就是"人生是一场马拉松"。竞赛生和高考生，在大学都有各自适合的发展路径，也都能充分展示各自的风采。

当然，这不是说在人生"赛道"上，每个同学的位置都是一样的。竞赛生相对而言更早发挥了自己的优点，也付出了竞赛的高风险代价，在大学先走一步也是他们努力和冒险的结果。在理工科大学，竞赛生的"开局"往往顺利一些。我个人在上学时也勉强算一个（失败的）竞赛生，在教学和科研工作中也深度接触过很多竞赛生，包括多名获得国际物理奥林匹克竞赛金牌的同学，但是考虑到竞赛生数量整体较少，我把想对竞赛生说的话放在注释里[12]。

在香港科技大学，每年我们都努力招来一些竞赛生，特别是获得了亚洲或国际奥林匹克学科竞赛金牌的学生。这么招生，不仅因为竞赛生通常很优秀，对大多数通过高考（以及香港的类似考试）入学的同学也有好处。

对于高考生而言，在相关专业，优秀的竞赛生可以说是学业上的一座高山。电影《一代宗师》中说[13]，人生中很重要的一件事情是"见过高山"。所以，如果班级中有一些非常优秀的同学[14]，对其他同学而言，就拥有了"见过高山"的经历。对有些同学来说，大学时代可以历经见过高山、成为高山、越过高山，这将是一段难忘的旅程。我个人作为授课教师和研究生导师，曾陪伴很多同学走过这一旅程。

高考生的优势在于基础扎实、全面。高考生看到竞赛生学得快其实不必心急。很多竞赛生学得快只是因为他们超前学习了大学知识，而在漫长的学习道路上，弥补知识的差距并不难。

当然，同学之间的差别，不仅体现在掌握知识的差别，也体现在是否

---

12 对于竞赛生而言，初入大学的阶段往往是个"舒适区"。竞赛生的一个挑战是如何走出这个舒适区（由于一些竞赛生无须参加高考或大幅降分被录取，已经在舒适区里待了一段时间了）。竞赛生中很少有人主动想要迎接高考，或者体会大学知识断层的挑战。但是接受这些挑战的同学，人生中也多了一些历练。竞赛生需要比别的同学更主动地走出舒适区，或者全面发展，或者面向科研超前学习，主动地为自己提出更有挑战性的目标。如果被动执行学校培养计划，竞赛生可能会面临龟兔赛跑式的挑战（此处只是个蹩脚的比方，我可没有说谁是乌龟）：一开始很舒适，但忽然发现别人追到了前面，再追却晚了。竞赛生的另一个挑战是偏科。理工科专业可能不再学语文，但还是要继续学习英语，如果英语不太好，建议早做努力，例如可以听听全英文物理课，在第二章第五节中，我会专门介绍。

13 我很喜欢《一代宗师》这部电影。我觉得电影中描述的武学宗师所追求的境界，很多方面和学术界是相通的。

14 但是，如果这类优秀的同学太多，也未必是好事。你也许会感觉：完蛋！我被"高山"包围了！对多数人来说，过大的压力并不利于个人发展（不过也有少数人具有从容应对巨大压力的特质）。

擅长这一学科领域的差别。竞赛生往往是擅长某一学科才能选择并坚持参加竞赛，他们可能更早地找到了自己擅长的学科领域。而高考生可能需要更长时间找到自己擅长的学科领域。后面我们还会反复提到，在大学，要在自己擅长的学科领域自由发挥，别用自己的弱项死磕别人的强项。

在漫长的"人生马拉松"中，高考生知识全面的特点会渐渐发挥出优势。网上曾经有个问题："高中生，以后想当物理学家，应当学好哪些课？"我对此做了个半开玩笑式的回答："请学好语文，以后写基金申请材料时有用。"这不全是一句玩笑。你以前认为"没用"的某项技能，很可能会在之后的事业和生活中给你意想不到的助力，更何况高中学的知识呢？

那么，大学在"人生马拉松"的哪一段呢？这是因人而异的。因为对很多同学而言，高考是人生的高光时刻，上大学后因为没有了高考的压力，或遇到了学习上的挫折（下一章我们会集中介绍如何应对刚上大学时的挫折感），他们的大学生活就不那么精彩了。也有很多同学的起点未必高，但一直在不断努力，用更长的赛程取得更好的成绩。

第六节　空间范围内，大千世界，如何安置自我？

上一小节中，我们用马拉松比赛类比人生。其实人生远比马拉松比赛更丰富，也更精彩。人生与马拉松比赛的区别是，马拉松比赛的目标是单一的，而人生并不以单一的标准衡量。人生的马拉松，很难定义一个目的。非要说个目的的话，我觉得人生的目的不是超过别人，而是追求更好的自己。

恕我直言，我们常对超过别人有一种先天性的、过度的执念。写到这里，我回想起自己中学、大学时代坐火车的经历。进站时，大家都是有票的，每个人都能上车，但很多人还是拼命地挤，想方设法挤到最前面，想方设法超过别人。近年来，大家文明多了，上车时都会有秩序地排队。但有时面对其他不必那么争抢的事情，一拥而上非要超过别人的劲头仍然不逊当年，哪怕是在超过别人也没多大实际用处的事情上。

如果你认为，人生的目的只是超过别人，那么，超过这些"别人"之后呢？你会看到你的前面是更多的、更难超过的"别人"。除非你是上亿人群里面最出挑的那一个，否则，你的人生将会停滞在想超过别人但怎么也超不过的挫败感之中。

这种"超过别人"的执念还会助长嫉妒心[15]。不怕大家笑话，在高中的时候，我的嫉妒心挺强。在一些科目上，我再努力，也超不过班上的几个同学，心里着实嫉妒。不过，高考后，我才发现，我们班是一个水涨船高的集体。我们班同学高考的最低分是 607 分（2001 年辽宁理科重点线是 529 分），只要填报志愿不失误，班上同学都能去名列前茅的大学。我比全省绝大多数的考生强，班里有几个同学比我强，其实没什么！放宽视野后，我发现自己当时的嫉妒实在可笑。在我之后的学习和工作中，我反复体会到，一个集体中有优秀成员，我能与这些优秀成员一同进步，是多么幸运的一件事情。和优秀的人一起进步，比自己单打独斗的进步，实在容易太多了！

如果把视野放得更广一些，从社会的视角，这种超过别人的执念，也往往会造成过度竞争。现在大家经常提到一个字——"卷"。这个字含义颇广，但在很多场景下反映出一种过度竞争。我们超过别人的执念，助长了"卷"的程度。好比我们看电影，本来人人都坐着看是最好的，但是偏有人为了看得稍稍清楚一点点，就站起来看，最后闹得整个电影院，除了第一排以外的人都只能站着看电影。过度竞争，让本就竞争激烈的社会

---

15 一位经验丰富的高中老师，在读了本书初稿后告诉我，现在的学生更愿意直接说出自己的不满，并不像以前的学生一样经常有较强的嫉妒心。这样看，现在的同学比我们那个时候的境界更高了。不过无论是留给少数可能需要的同学，还是作为时代的标本，我还是保留这一段的经历分享吧。

变得更"卷"了。

当然，这里我讲到放下"超过别人"的执念，并不是说我们的学习成绩排名不重要。因为排名会告诉我，我有没有变得更好，我在哪方面还需要更努力。不过，当我们的视角，从超过别人，转到做更好的自己，我们便可以对嫉妒和过度竞争释然，路曲心直，径直走上变得更强的那条路。

但是，正如我反复提到的，人生远远不是成绩排名所能概括的。再举一个我自己的例子。我在剑桥大学做科研工作时，身边有很多优秀的同事。如果来个综合实力排名的话，我觉得自己能排在中等就不错了。更何况，我的隔壁是霍金，隔几个办公室的另一边是弦理论的创始人之一迈克尔·格林。在剑桥大学，我这个小人物应该如何自处，如何安置自我呢？

其实，我对自己在剑桥大学的表现还挺满意的。我没有跑去跟霍金比黑洞研究水平，也没有跑去和格林比弦理论研究水平，而是发挥自己的特长。我可以和研究理论、数据分析、观测的人广泛讨论，把他们的发现整合在一起。我还发挥自己的特长，在剑桥大学开设了非正式的课程，讲解如何用计算机辅助理论物理推导，很多大科学家来听我的课，也从中学到不少实用技能。

发挥自己的特长，做有益于这个群体的事情。这就是我在剑桥大学自处和与人相处之道。找到自己的位置，实现自己的价值，做更好的自己，不一定是要在"赛道"上"超过别人"。

第七节　身处果壳，如何成为宇宙之王？

人生中很多阶段，理想和现实都会出现偏差。比如说，很多同学高考后没能进入自己理想的大学，有的同学甚至发挥失常，进入的大学与自己理想的大学相距甚远。当现实偏离理想，如何让理想重新照进现实？

我的理想和现实也曾经出现过一个小小的偏差：我高中时，听老师推荐北京大学物理系，所以一心想报北京大学。不过我的高考成绩不太好，如果选北京大学，可能没法选自己想要读的专业。[16] 于是我报考了中国科学技术大学（下文简称中科大）。

对刚上完高中的我而言，高考发挥不理想是一次不小的挫折。但是，现在回过头来看，我庆幸自己考到中科大。如果让我再做一次选择，我确定、一定以及肯定，还要选择中科大。

假如我当时如愿考上了北京大学物理系，以我现在做老师的经验，可以很容易"复盘"当年的我可能面临的压力：在物理奥林匹克竞赛中，五个国际奥赛金牌获得者、八个亚洲奥赛金牌获得者，这"十三太保"多半都在北京大学物理系，再加上奥赛集训队成员、各省高考的佼佼者。他们的水平非常高，论考试能力，更是无可匹敌。想必我耗尽所有时间精力，也许就只能保持一个中上等的成绩。

在中科大，仍然有一流老师授课、一流的学术环境和一流的同学。但压力小了很多，我可以随意地体验自己喜欢的社团活动，随意地选择自己想学的课程。和学校氛围带来的任意性及其对我自己的能力的激发相比，学校排名的区别实在微不足道。所以，我十分庆幸成为一名中科大人。[17]

因此，我也想说，现在的高考是出成绩以后报志愿，志愿填报失误的概率大大下降，这自然是好事。但是，这也导致每个学校招收的是一个固定分数段的学生。这件事虽然公平，但是同时也增加了竞争压力。这就需

---

16 当时我们是高考完估分，根据估分来报志愿，所以随机性更大。

17 我有个同学，高中时曾对我说，她如果分数够清华和北大，也不会去，因为不愿意承受那里的压力。当时我不认同她的看法，不过现在我觉得她很有远见。

要同学们更好地面对压力。下文我们再聊压力的事情。

当然，幸运的我，虽然高考未能如愿，但是进入的也是中科大——中国的好大学之一。

不过，如果更不幸，高考意外失利呢？如果自己考上的学校，确实缺乏足够的学术研究氛围，缺乏足够优秀的导师，身边也缺乏志同道合的学习伙伴，那么，该如何应对这种理想与现实的巨大反差呢？

首先，这种情况确实是不幸的。每次有高中生问我，想搞科研应该怎么做，我的每个严肃的回答都是先好好学习，好好准备高考，争取考上好大学。不过，你去翻很多成功人士的履历会发现，他们未必都出身于好大学[18]。无论是从事学术研究，还是在其他领域工作，都有很多途径可以实现理想。

确实，从学术研究角度看，在招收研究生时，老师通常会"偏爱"好大学的学生。如果你来自不是那么好的大学，那么你需要拿出优异的成绩来改变老师的看法[19]。

俗话说，"如果你不考第一，就没资格抱怨你的大学不好"，这句话当然有争议，但是对于学术评价而言，的确，如果你考第一，这会消除老

---

18 当然，还要考虑统计原因："不那么好的大学"的数量及其学生数量，远远比"好大学"的数量多。"好大学"成功的概率仍然是更大的。但是，这些出身不那么"显贵"的成功人士，他们的成功经验值得借鉴。

19 如果不是来自很好的大学，报考研究生或就业工作时可能会更难一些。这时，同学们一方面需要更主动地进行更多尝试。另一方面，我建议：大概率的事情，做得更稳一点；小概率的事情，做得更"出格"一点。当你更有特点，这些特点可能对少数导师/雇主而言是强有力的加分项，当你碰到他们，就会体现出优势。当然，这里我们指有用的特点。有些同学只强调自己特立独行、与众不同，比如半年不换衣服，把白衣服穿成黑衣服，这种特点似乎并不能成为加分项，反而可能因为刺激性气味这种让导师/雇主未必好意思明说，却会影响判断的问题，让自己失去机会。

师对你大学"出身"的偏见，因为你的能力可能是被低估的。我觉得，普通大学考第一，远比在清华大学、北京大学"吊车尾"更能证明自己的实力。另外，明显高出同学的科研能力，也能体现你的实力。

无论身处何地，你都可以通过网络获取一流教育资源，认识志同道合的朋友。关于如何利用网课，在第二章第五节将会详细讨论。

另外，有关出国留学，有个小秘密想分享给大家，据我了解，国外高校的导师很可能分不清国内排名十几的学校和国内排名几百的学校——反正他们都不了解，也未必会去搜索[20]。所以，他们会更无"偏见"地评价你的实力。

因此，努力考个好大学固然重要。但如果高考失手，只要你愿意付出更多努力，即便身处果壳中，未来也可以成为无限宇宙之王。

---

20 就算他们搜索了，国内排名十几的学校在国际上排名也许已经一百名开外了，而国内排名几百的学校根本没上榜，在外国导师眼中，区别也没那么大。

第二章 功夫在书内：在大学如何学习？

本章导读

相信同学们已经熟悉中学阶段的学习方式：大多数同学在中学具有同一个最重要的目标——高考。为了实现这个明确的目标，中学课程环环相扣，老师经验丰富、循循善诱、倾力协助。高中生活虽单调和辛苦，但重在公平，才华横溢的你有很大机会在考试中脱颖而出。

但大学的学习完全不同。如果说中学学习像是千军万马过独木桥，那么，大学学习则是一条主干道分出千万条支路。

大学的主干道是学习。有人认为大学只需要好好学习，有人认为大学里学习不重要，这两种看法都是片面的。学习，仍然是大学阶段的基础。然而，大学阶段的知识组织形式、学习目的、学习方法，都和中学阶段有天壤之别。如何快速适应大学学习？这就是本章为同学们介绍的内容。

第一节　在大学，为什么还要学习？

做事情，目的明确，效果才好。学习也不例外。所以本章开始，我们先要问：

在大学，为什么学习仍然是重要的？

这个问题看似废话，实则不然。你可能听说，中学要努力，到大学就可以玩了；你也可能听说，在大学"六十分万岁，多一分浪费"。这两句话当作在中学阶段勉励自己加把劲的手段尚且可以。但是，上大学期间因为真信了这两句话被害惨了的同学不计其数。如果你不了解大学学习的重要性，那么请你读下去，看看大学学习为什么重要。

如果你本来就觉得大学学习很重要，觉得"在大学，为什么还要学习"是一句废话，那么也请你动脑筋思考：你为什么会觉得在大学，"学习"是天经地义的呢？"为什么还要学习"是废话呢？如果是因为从小学到初中、高中都如此，那"从来如此"便对吗？

在大学，我们不用高考了。有些同学会在整个大学期间，从入学开始，就把考研、考公作为大学的主要目标。如果沿用前面的比喻，把学习比作大学的主干道，那么这些同学就是在主干道上一条道跑到底的人。对这样的同学，大学和中学更相似一些，学习也自然是重要的[21]。

不过，多数同学会希望探索更多可能性，而不是以考试作为大学学习的主要目的。这样，同学们就会发现，大学学习的目的已经和中学不同了。既然不是为了准备某场最终的考试，那么在大学好好学习的目的是什么呢？既然目的不同了，那么"好"的标准也不同。在大学阶段，"把学习搞好"

---

[21] 不过，对一心以考研、考公为主要目标的同学，我也建议，除了准备考研、考公以外，也多看看人生中其他的可能，没准还有一款更适合你呢。

意味着什么呢?

大学学习的最低标准是"毕业"。不过,"毕业"可不是大学学习的目的。一方面,我国大学多是严进宽出的,毕业的标准不高,如果以毕业为标准,实在浪费了大学时光,浪费了大学为未来提供的无限机会。另一方面,"取法乎下,无所得矣",仅以毕业为标准,很可能会沦落到退学的地步。所以,希望所有同学,都不要以毕业为学习目的,而是设定属于自己的更高的目标。

大学里与学习相关的目的有哪些呢?

先说最基本的:为了成绩。但这个成绩更侧重平时（每学期）成绩,这就和高考不一样了。

成绩:大学四年中,全部学期、所有课程的成绩分级后,按学分平均（所谓绩点平均,GPA[22]）,这对找工作、申请制读研都很重要。第一个学期的成绩不好,也会影响最终找工作。我见过很多同学,疯玩了一个学期才知道有 GPA 这回事儿,后悔不迭。本书的读者早早知道了 GPA,就不会这样了。

主课成绩:每个专业都有一些重要的基础课和专业课。与其平均分配时间提高每门课成绩,不妨在主课上多花点功夫。这是因为:一方面,未来用人或深造单位,如果专业对口的话,会更关注主课成绩（所以如果你的主课成绩高,也可在简历上特地标出你的主课成绩）。另一方面,这些重要课程往往累积效应更明显。学好第一学期的基础课,才能学好第二学期的基础课。例如,理工科专业的同学没学好第一学期的"单变量微积分",那么第二学期的"多变量微积分"也学不好（除非回头把单变量微积分好

---

22 GPA 有很多算法,各校算法往往不同,甚至有些学校在制定 GPA 计算标准时花了些小心思,让同学们的 GPA 看起来高一些。所以我觉得,百分制分数的加权平均更公平些。不过这些都是学校之间竞争的事情,同学能做的还是提高自己的成绩。

好复习一遍，如果这样，何不开始就学好呢？）。所以，建议同学们根据培养方案，搞清课程之间的脉络和依赖关系[23]，越基础的课程，越要确保花大力气学好。这样才能越学越轻松。

科研、实习和就业：从科研和工作需求的角度思考哪些课更重要。不过，对多数同学而言，刚入学的时候往往没有特别具体的科研和工作方向，可以边学边了解。

转专业或拓展就业方向：如果对当前专业不满意或本专业就业面太窄，则最好有针对性地学习其他专业核心课程。对于转专业，不同大学有不同的转专业政策，如有想法，须及早了解。

当然，上述学习目的都是有点"功利"的，都是和成绩相关的。成绩只是大学能给你的"保底"回报，在成绩背后更重要的是能力。什么是能力？与其给出一个蹩脚的定义，不如请你思考下面这句话：

"你学的越多，你知道的越多。你知道的越多，你忘的越多。你忘的越多，你知道的越少。那还学它做什么？"

在本章中，我们力求给出的，往往不是仅能提高成绩的取巧办法，而是通过提高学习能力来提高成绩的途径。至于更抽象的，不易通过成绩体现出来的能力，则在第三章中向大家介绍。

最后，成绩不是一切，也不是一切情况下能力的真实反映。在大学中，少数情况下，会有一些值得牺牲成绩，甚至牺牲整个学业去做的事情，例如极好的创业机会。极好的创业机会往往是非凡的时势创造的，例如，在

---

23 怎么搞清课程之间的脉络呢？如果学校没有介绍的话，最简单的办法是问靠谱的师兄师姐。如果希望自己弄清楚的话，就把培养方案中每门课所要求的先修课程列出来，画个图。如果学校网站没有清晰的培养方案，可参照国内或国际较好大学同专业的培养方案。如参照国际上的大学，可搜索学校名＋英文的专业名＋课程（curriculum）。

计算机与互联网的发展过程中，微软、谷歌、甲骨文、戴尔、脸书、推特、WhatsApp、OpenAI 等公司的创始人，都是从学校退学或未完成学业便投身创业的。但是，值得从大学本科退学去做的事情非常罕见。即便是需要明显牺牲成绩去做的事情，也请同学们三思而后行。例如，为了多赚点生活费去花大量时间打工[24]，这会影响自己的成绩，耽误保研和深造申请，甚至错失找更好工作的机会，从长远来看，往往是得不偿失的。抵抗这些短期好处的诱惑，需要有追求长期回报的眼光和定力。

好了，相信现在我们在学习的重要性上达成了一致。那么，大学学习和中学学习一样吗？是不是像中学那样学就能学好？

第二节　开屏暴击：大学课程为什么突然变难了？

很多同学会被大学课程"开屏暴击"：一进大学，发现中学那种熟悉的学习环境消失了。例如，你可能发现，大学课本上的内容与中学课本有巨大脱节；你可能发现，课程 B 依赖课程 A（即学完课程 A 才能学课程 B），但是这两门课在大学竟然同时开；你可能发现，大学里有的老师讲课不知所云，有的老师甚至像念经一样念 PPT……总之，你可能会发现种种不尽如人意，并因此备受打击，甚至自暴自弃。

的确，和中学课程相比，大学课程有很多不完美的地方。即使最好的大学，其课程安排，不完美的"怪相"也很多。

为什么会出现这些状况？出现这些状况也不能全怪学校，同学们更不

---

24 如果希望大学毕业后就业，走向社会，那么大学期间的社会实践就很重要。同学在大学期间如果想要打工，最好选择能学到东西的兼职，而不是去做简单的重复劳动。在大学中学习的东西（包括在课堂上和社会实践中学到的），可能在你未来就业时对你的薪资有积极影响，两相比较，大学期间打工赚到的钱可能远不如耽误学习时间造成的损失。

要因此受打击或自暴自弃。反而，这些不完美中蕴藏着同学们提升自己的巨大机会。

世界上没有绝对的"完美"。大学教学的"不完美"，是中学教学"更完美"衬托出来的。我国的中学教育可能是全世界最系统和最完善的。无数的教育工作者为了中学教材的循序渐进、易读易懂，费尽心思。但大学教学不可能做到这么完善。原因有以下 4 点。

第一，大学专业众多（报志愿、选专业就挺让人头疼的）。一所大学中某个专业的人数也不多。各个专业不可能组织起与高中教育可比拟的教师和教研人员来完善教学。

第二，大学学习的知识更深。中学的知识是通过最好的教学技巧呈现给大家的。也就是说，中学的知识呈现方式，是"知识最容易学习的样子"。但大学的知识，往往是"知识本来的样子"，少了教学技巧的包装，而更注重直达本质，注重呈现知识本身。大学知识缺少教学技巧的"包装"，除了从事"包装"的人力有限之外，更重要的原因在于，在大学高年级，你可以接触人类知识的前沿。人类知识的前沿，实在是"人类早期驯服知识的珍贵影像"，还来不及包装。为了能学到前沿知识（这是大学培养专业人才的重要目的），从大学一开始，就向你呈现知识本来的样子，也许是个正确的选择。现实中的大学课程设置，包括世界最好的大学[25]，也是这样做的。与其作出巨大努力，让初学者更容易理解，教授往往更注重解释知识本来是什么样子的。

第三，大学期间要学的知识更多，如果按部就班排课，恐怕大学学制

---

25 不过，大学是充满多样性的。也有一些大学（往往不是那么顶尖的）在降低教学难度上下功夫。我听过的一个最极端的例子，是把一个欧姆定律分成 3 个版本来教，算电压的欧姆定律 $U = I \times R$，算电流的欧姆定律 $I = \dfrac{U}{R}$，算电阻的欧姆定律 $R = \dfrac{U}{I}$，结果确实提高了学生成绩。但这种提高成绩的方法，其实是在降低学生的学习能力。

要从四年延长到五年甚至更久[26]。所以，要学到前沿知识，还要留出时间写本科论文或实习，就难免出现"本来课程 B 依赖课程 A，但是这两门课竟然同时开"的情况。

第四，大学老师不仅从事教学，还要从事科研和校内外服务。这和中学老师主要从事教学不同。较好的大学通常是"研究型大学"。研究型大学中，老师的工作量分配可能是科研 40%、教学 40%、服务 20%。很多老师往往把科研看得比教学重得多。大学中，科研与教学之间的互补与权衡，重科研轻教学的利弊等，这些话题极其深刻，限于本书的目的和篇幅，在此不展开探讨。不能因大学老师教学时间有限，就否认大学搞科研的重要性。不过，这里我想向同学传达的是，注重教学的大学老师十分可敬，而教学不大用心的大学老师在现实中仍大有人在，这不单是哪个专业、哪所学校的问题，也不单是我国的问题。与其因一些老师不用心教学而抱怨老师或学校，不如探索应对之法，在接受一些难以改变的现实的同时，最大限度提升自己。

大家明白大学课程变难的缘由，才能对症下药解决问题。

第三节　如何衔接中学和大学的课程？

根据大学课程的特点，建议同学们用下面的方法，来衔接中学和大学的课程。

第一，预习。高考过后，大学入学之前，有个漫长的暑假。你可能不希望用这个最宝贵的假期来学习，但我希望你能看看我接下来的分析，好

---

26 的确，有些学校曾经为了把学生的基础打扎实，坚持五年制本科。例如中科大的本科就曾经是五年制的。但是，同学们往往更喜欢早些毕业，所以现在，包括中科大在内的多数大学，都是四年制本科。只有少数专业，因其特殊性，仍坚持五年甚至更长的学制。

好考虑一下。当然，你一定有好多好多愿望，希望在这个假期中实现，这个假期的大部分时间，也值得花在实现这些愿望上。但是，挤出一些时间，包括边角时间，预习大学课程，让大学生活更从容，仍然是值得的（这样大学就有更多时间实现更多愿望了）。

如何预习？我做学生时有预习的习惯，方法就是自己看书。预习主要课程的方法是，我会在假期把前半本课本自学完，并选做一些习题，后半本课本则看个大概。从初中开始到大学低年级，我一直坚持这个习惯[27]。如果你能潜下心来看书，我想，现在通过自己看书来预习也不过时。如果你觉得看不进去，则可以求助于网络时代唾手可得的众多网课资源。本章第五节中，我会详细为大家介绍网课。

预习时，同学们可以自由分配时间，而不用像听老师讲课时那样，一个概念不懂，后面全都糊涂了。同学们在预习时可以从容地思考，查阅和在网上检索课程的难点。把前半本书的难点都掌握了，再在课堂上深化理解，有事半功倍的效果。

第二，培养跳跃式学习的能力。前面已经解释过，大学课程很难做到像高中课程那么系统。再加上大学课程更难，需要更快的学习速度，同学们也更可能在学习中"学不懂"或"卡壳"。无论责任在教材欠缺系统性，还是在自己"卡壳"，你都会经常遇到暂时学不懂的情况（天才除外，至少我做不到一遍全学懂）。

同学们遇到这种"暂时学不懂"的情况，不用紧张，这是在锻炼我们的学习能力。这么说不是阿Q式的自我安慰，而是因为，当你未来站

---

27 有一个重要例外：大一入学前，我并没有提前弄到教材来预习。不过巧合的是，由于我高中参加竞赛的经历，大一上学期大部分课程，我都已经学过一些，打下了不少基础，也阴差阳错地达到了预习的目的。我建议同学们大学开学前做好预习，不需要提前知道学校用什么教材，网上很容易搜到本专业大一课程和推荐教材，按照最好的教材来预习就行。

在人类知识的前沿上，无论是搞研究或研发，还是创业，都会遇到大量不懂的东西，没人能帮你理清楚，而是需要你跳着理解，靠自己把不系统的知识连成一片，然后弄懂。所以，这种跳跃式学习的能力，在你的学习中会越来越重要。

如果经过了想弄懂的努力，还是卡在某个地方没进展，则可以暂时跳过去，先往下学[28]。或许在往下学的过程中自然就懂了，或许这个知识点只是教材作者在"卖弄"，不懂也没关系呢。不过，建议将这些不懂的地方记下来，回头集中攻关。

当你觉得不懂的地方有点多，无法继续学习了，再回过头来试试以下方法：（1）再看一遍，看看能不能多弄懂一些；（2）换本书或者看看视频课程；（3）向人请教（找不到人的话，只要善于把问题描述清楚，网上也有很多适合发问的地方，或许搜索一下就会发现，你的问题已经存在且已经有人给出解答了）；（4）对大学低年级课程中的问题，目前人工智能（AI）的回答也有不错的正确率，可以作为参考，批判地加以使用。

第三，往复式学习。这和上面的跳跃式学习是相辅相成的。你跳过去一些难点，可能会造成基础不牢。一门重要的课程，往往需要多学几遍：预习时学一遍（这也突出了预习的重要性），课堂上学一遍，复习时再学一遍，逐渐把难点全都"消灭掉"。少数能够作为本专业"吃饭本事"的看家课程，就算毕业了也值得回头反复去学[29]。

相信，在预习、跳跃式学习和往复式学习的帮助下，大学学习就不再比高中学习困难了。

---

28 我见到好多同学在"卡壳"时偏不跳过去，导致学习没法往下进行，严重影响学习进度，甚至演变成钻牛角尖。

29 我已毕业近二十年，这两年还在复习理论物理专业最重要的专业课"量子场论"，并采用费曼学习法（第二章第六节中将讨论），把自己学习的过程录制成教学视频与网友分享。该系列网课获得了远远出乎我意料的关注。

第四节　从中学的好学生，到大学的好学生

正如前面讲的，与中学相比，大学学习的目的不同，"好"的标准不同，大学课程的特点也不同。所以，评价一个"好学生"的标准也不同。如果你是个中学老师眼中标准的"好学生"，那么这些"好"的特性，在大学还仍然"好"吗？相反，如果你在中学老师眼中有点"不好"，那么在大学，哪些"不好"会转变成"有点好"呢？

首先需要重新认识的一点是"听话"。在中学，"听话"往往是好学生的标配属性。但是，到了大学，"听话"这件事就发生了变化。如果品学兼优的你，一直是个听话的好孩子，那么不妨考虑以下几点变化。

第一，大学里没那么多"话"给你"听"。在大学，你离父母远了，大学的班主任或辅导员在管理方面通常是抓大放小，不如中学班主任细致。[30]所以，如果你离开家长、老师就不知道怎么做，不妨在学习生活中慢慢加入些自己的独立思考和见解，逐渐过渡到大学的思想自立阶段。

如果你觉得在大学中无所适从，希望老师给你更多的"话"来听，可以找班主任或辅导员聊聊，征求一些意见和建议。同时，也可以问问师兄师姐，以及各门课的任课老师，兼听则明。不过，师兄师姐和各门课的任课老师往往很忙，并且他们没有义务给你建议。所以，你可以考虑在尽量少打扰他们的情况下，向他们征求建议。比如受物理定律所限，任课老师下课后无法"瞬间移动"回办公室，你就可以和任课老师边走边聊。这种不单独占用对方时间的交流，相信多数任课老师都会欢迎，他们也会愿意给你提建议的。

第二，大学阶段是从学校走向社会的过渡期。在学校（中学或大学），老师给你的建议，无论正确与否，其出发点多数是为了你好。但是，当你

---

30 大学中的班主任或辅导员往往是给学生一些建议，而不是"管学生"的。

走入职场，你的公司领导给你的建议，可能首先是为公司好，其次才是为你好。所以，在大学建立起正确的三观，有自己的主见，才能顺利地从学生过渡到"社会人"，不至于日后在职场吃了亏，受了"欺负"，才想到要改变。

第三，在大学，你的视野逐渐开阔，价值观逐渐明朗，梦想即将照进现实。但是那些曾经给你指导的人，你最敬重的父母和师长，他们正在逐渐老去。所以，他们的见解，未必还像以前那样犀利准确，可能带有他们自己时代的烙印，可能不再像以前一样能指导你的未来了。请你珍视这些真心对你好的人，珍视这些建议，但是心里也要明白，这些建议未必像以前一样，值得全盘吸收了。

虽说太听话的同学，在大学中需要有自己的更多主见，但也并不是越不听话越好。如果"不听话"不是源于自己做正确事的内驱力，不是坚持做一些对自己、对社会更好的选择，而是因为倔强，因为骄傲，因为"为了不听话而不听话"显得很酷，那么我也劝你大可不必这样。一方面，在别人眼里，其实"不听话"并不像自己感觉的那么酷（别问我是怎么知道的）。另一方面，《后来》那首歌里面也唱到"如果当时我们能不那么倔强，现在也不那么遗憾"。这句话适用于但不仅适用于爱情。

除了"听话"这件事外，我们再简单说说另外几个中学"好"学生的标配属性，但在大学需要仔细想想是否需要继续坚持的。

"认真听讲"：在大学，讲得好的课，更值得认真听，大听特听，跨校去听，上网去听。但是如果老师是活在自己世界里不善于讲课的"另类天才"（我也遇到过这样的老师）。那么，感受一下他的风格就够了，听不懂这样的课，也不要有思想负担，自己认真自学就好了。我刚上大学时，曾觉得这样有点"虚"，有点"不踏实"。但是回过头来看，只有自己学好，才是最踏实的。如果"认真听讲"收获的不是知识，只是"貌似在学习"的感觉，那么这种虚幻的感觉并不值得追求。同样，如果老师上课不认真，就念 PPT，那么自己拿 PPT 来看或许还更省时间。

"全面发展"：在高中，除了少数竞赛生外，准备高考的同学们注重的都是全面发展。哪一科是短板，赶紧补上，而不是本来能考 145 分的科目，天天惦记着怎么考到 150 分。补短板是提高高考成绩的有效方法（目标是全省第一的除外）。但是，到大学就完全不同了。在大学，发挥特长比全面发展更重要 [31]。因为大学是分专业的，你学的主要是本专业的课程。更重要的是，未来你走向社会，社会需要的往往也是你某方面的专才。比如，一个发电厂要招一个计算机方面的工程师，他们可能并不会在乎你的写作能力。

"总结题型"：在高中，你是不是有个"错题本"[32]，来总结常见题型、常见错题？这种做法恐怕难以适应大学阶段的学习了。这是因为，第一，大学知识量特别大，光是总结知识就要花掉大部分时间，没有更多时间留给总结题型了。第二，考试题大多是任课老师自己出的（或几个任课老师"组团"出的），并不是全国教一门课的老师联合起来，想着怎么变着花样出题来"套路"你。第三，以绝大多数同学在大学的学习水平，原汁原味地"考知识"就已经有足够的区分度了，没必要在命题中用套路来体现区分度。中学教育中，半数以上的学生能把基础知识学懂，考查原汁原味的知识区分度不够，只好用套路。

---

31 当然，"发挥特长"也是相对于高中来讲，对大多数同学的建议。也有些大学生，只愿意发挥特长，比如专业课学得特别好，别的课差到不及格，这样也会对学业造成负面影响。

32 我从小学到高中，就从来没用过错题本。但是对中学生来说，当时我的做法并不明智。我觉得高中准备个错题本还是挺有用的。如果当时我善于总结错题和题型，高考也许能考得更好些。另外，听说现在高中考试比以前弱化了题型套路，强化了对能力素养的考查，所以这里所说的高中"套路"可能有些过时。但是无论如何，和大学相比，高中考试还是相对套路一些，大学考试则更加开放。

　　我个人在大学准备考前复习时，一向是最注重把知识本身学懂学透，再稍做一点点练习题确认自己理解没有错误或漏掉什么内容即可。没有在习题上花过很多心思[33]。

　　如果你想在规则允许范围内多花点心思，可以找师兄师姐（甚至学校复印店）要一下同一个老师出的前几年的期中和期末考试题。一个老师自己出题可能是有套路的，这个套路可能会在前几年的题中体现出来。不过我觉得，把知识学懂之后，这些小心思都是可有可无的。我作为老师，也会向同学们公开前些年的考试题，以消除他们这方面的顾虑。

　　不过，我也要说明，当你要考研的时候，错题本是否有用，这个我就不敢说了。或许你需要做一些模拟题，看看名师讲解，摸清楚其中有多少套路，再判断是不是要把"错题本"重新拾起来。另外，在找算法岗之类的工作时，在 LeetCode 这样的平台刷题貌似还是挺有用的，毕竟面试你的人也许不是这个领域的顶级大师（我很怀疑多数"顶级大师"在刷题中使用套路性技巧的水平），而更可能是同样刷题刷上来的。

　　在中学，老师通常认为学生上课插话是不好的行为。不过在大学，如果老师鼓励即时提问（通常具有足够水平和自信的老师才会鼓励学生这么做），你一定要充分把握这个难得的机会。

　　课堂提问的好处实在很多。

　　第一，由于大学知识的跳跃性，你在学习时遇见不懂的内容，这可能真的不怪你，可能其他同学也不懂。你问一句，就会提醒老师把大家都没

---

33 这里我是说大多数课程。但不排除有少量技巧性强的课程，需要大量练习。比如大学开设的理论物理课程中，我觉得只有量子场论一门课，是在透彻理解知识之后还需要做大量练习题才能掌握的。别的课透彻理解知识之后，考试难度的练习题做起来都不难（但是大学生数学物理竞赛等是不是有更高难度，是不是有它们自己的套路，我没有经验，就不清楚了）。

31

搞懂的知识或不了解的背景知识说清楚[34]。这是利己利他利课堂的大好事。

第二，未来，你可能从事创造性的活动。在创造性活动中，提出一个问题往往比解决一个问题重要得多。如果有课堂提问的机会，这些机会是对提问题能力的锻炼。

第三，把问题问清楚，其实要求提问者有很强的表达能力。多提问可以锻炼表达能力。无论未来做什么工作，都要与人沟通，表达能力是非常重要的。

第四，混个脸熟。经常向老师提出高水平问题，让老师认识你，这样未来从老师那里征求点建议，跟着老师做科研，请求老师写推荐信，甚至跟着老师读研，可能都会容易一些。不过，希望这些只是你课堂踊跃提问的"副产品"，而不是你提问的主要目的（如果目的性过强，老师是能看出来的，太功利或许会适得其反）。

当然，课堂提问要以不打扰老师正常教学进度为底线。如果你一个人问太多，让老师都没法继续讲课，也是不合适的。

本章直到现在，我一直在讲大道理。我这个搞理论物理的，是不是还挺能"理论"的？希望你没有被铺天盖地的大道理吓跑。接下来，我们来聊更实际的学习方法：上网课、费曼学习法和人工智能。

---

34 不过，也有老师在知道同学们都没学过背景知识之后，会做出不同的反应。比如，我的群论老师，在他当堂得知同学们没学过矩阵直积的时候，说："直积都没学过？没学过直积我怎么讲？"之后他认真思考了三秒钟，想出了一个数学上很严格的办法，双眸中闪烁着（一个 11 岁上大学的）孩童般的喜悦光芒，接着说："好，现在我假定你们已经学过了，我继续讲。"类似这样的点滴都是我大学生活的美好回忆。

第五节 上网课：做世界上最好老师的学生

现在，网络上有大量优质网课资源。未来，网课资源只会更多、更好。可以说，好的网课资源是当代同学学习的有力武器。

如何寻找好的网课资源、利用好的网课资源呢？

去哪里找网课？除了用搜索引擎搜一下"课程名"+"网课"，还可以去网课的"集散地"，有针对性地搜。下面列举三类网课网站。

一是专业网课网站，例如 Coursera、edX、中国大学 MOOC 等。专业网课网站的特点是课程齐全，网站的系统设计也为学习做了优化。同学可以在这类平台选自己感兴趣方向上最好的课程听。为了面向大众，专业网课网站上的课程难度和顶尖大学实际授课难度相比，可能会有所下调。

二是大学的网课网站，例如 MIT OpenCourseWare。大学网站上网课的特点是相对系统，并且原汁原味地为观众呈现大学的课程。我在 MIT OpenCourseWare 上学过几门计算机和物理课程，受益匪浅。但是作为课堂实录，视频质量时好时坏。

三是视频网站，例如 B 站（bilibili），尽管视频网站不是专门为网课设计的，但在视频网站上学习实际上也颇为有效。并且对老师而言，把课程放到 bilibili 这样的网站上，不需要太多前期准备，所以这些视频网站反而拥有更多的教育资源。对我个人而言，近年来我更习惯在 bilibili 这样的网站上学习（甚至教学）。

我曾在 Coursera 这种专业网课网站开设一系列 "Understanding Modern Physics" 课程，也曾在 bilibili 这种视频网站上传量子场论、广义相对论的"野生"网课。就我个人的体验而言，在视频网站做网课，对老师友好得多。这是因为专业网课网站会有些死板的"教条"来要求网课的形式、格式，以及要求提供除课程视频外的一整套评价体系。专业网课网站往往坚持认为，视频只是网课的一小部分，一整套评价体系十分重要（我不确定这是对学生学习重要，还是对网站盈利重要）。但我个人认为，同学们所在的大学已经可以提供评价体系，同学缺的只是高质量的课程视频而已。而视频网站提供了更大的用户群，以及更直接的互动。所以，我对视频网站上"野生网课"的未来更加期待。当然，这是我的个人观点，同学们可以有自己的判断。

很多朋友可能说，除了大学的课堂教学（或者如果一些课程课堂教学效果不理想），剩下的时间就自己读书不好吗？为什么偏要看视频网课？

从知识方面来看，图书内容的传播主要通过文字及少量示意图，书中的文字表达是"一维"的，很难直观表现错综复杂的知识体系。而讲课时，黑板或幻灯片辅以语言，能更直接地体现知识的复杂性[35]。

从进度方面来看，看书需要消耗一些自己"锐意开拓"的力气，可能会钻到某个不必花太多时间的牛角尖里。而视频网课像是有人拉着你，用一个合适的速度往前走。所以作为预习、略读，视频网课"自动"的进度条能让学习省力和顺畅。

从体验方面来看，我觉得这是最重要的，但是更抽象和难以捉摸：视频网课给你创造了与世界级大师"面对面"的机会。你不仅可以学习大师的这门课，而且可以感受大师的授课魅力，大师思考问题的方式，这两点在视频课堂上，会比在书本中表露出更多。跟着大师的思路听课，犹如与

---

35 当然，同样的意思可以用相反的方式来表达：如果静下心来慢慢看书，更能锻炼自己独立思考的能力。但是，当代的快节奏，让我们很难慢下来，很多想学习的课程很难通过静下心来慢慢看书、慢慢地学。我的建议是：对于关键课程，往复学习中至少有那么一两次静下心来慢慢看书的过程。但是如果每门课都这么做，效率可能有点低。

他对话。与看书相比，在视频网课中，我们可以体味大师的课堂风采，根据大师的语速疾缓、语调轻重、肢体语言感受与大师的"对话"。

除了可以听到最好的老师讲课，视频网课还能给同学带来更多的便利。

视频可以随时倍速和暂停。我学习网课时，习惯开 2 倍速学习，当需要思考时就暂停。一些过于冗长的推导细节，即便开 2 倍速我都会拖进度条跳过一些。我觉得这样更有效。

很多网课都根据内容把视频切成几分钟至半小时的小段，以便我们既可以模块化地掌握知识，又可以安排零散时间学习。

通过视频网课的评论区以及相关的群组，可以和老师交流，并认识一批志同道合的同学。

网课的选择不限于国内，同学也可以尝试去听国外的优秀英语网课。这样，能选择的好老师就更多，并且也顺便练习英语——别担心听不懂，网站通常可以提供双语字幕（中文通常是计算机自动翻译的）。英语水平一般的同学可以先借助中文字幕，再慢慢脱离字幕。

网课能更高效地整合人工智能（AI）等新技术，从而提升教学效果。类似"AI 小助手总结"的功能，方便了视频课程的学习，为同学查找内容和安排时间提供了极大便利。相信随着 AI 技术的成熟，网课学习会更加方便。我期待着 AI 可以为网课视频专属答疑的那一天的到来（像 ChatDOC、ChatPDF 可以为文本内容答疑那样）。相信这一天应该不远了。

但是，网课的缺点是缺少课堂的学习氛围。为了弥补这个缺点，同学们通过网课学习时可以自己营造一些学习氛围，例如几个同学约好建立一个学习小组（线下的或网上的都行），同时学，互相讨论。另外，我也建议同学们上网课时养成记笔记的习惯，别像看娱乐视频一样随看随忘。

我相信，网课在未来将会深刻地改变教育。未来应该会有越来越多的大学接受以网课作为授课方式，而课堂成为讨论、上手实操等需要更多交互的场所。这就是所谓的翻转课堂。翻转课堂现阶段还不成熟，甚至有时为翻转而翻转、为偷懒而翻转，让学生苦不堪言。但是，随着网课的成熟，随着针对翻转课堂的更多探索，我相信，世界上最好的老师的网课终将走进每个大学的课堂。如果虚拟现实、元宇宙等技术能变得更加成熟，也会进一步增强网课效果，催生进一步的教育变革。所以，我觉得，善于通过网课学习的同学拥有了一把通向教育未来的钥匙。从这个角度来看，良好的网课学习习惯值得养成。

第六节　费曼学习法："好为人师"是最有效的学习方法

最有效的学习方式是像老师一样把知识讲出来。这种学习方法也被称为"费曼学习法"[36]。

为什么给人讲一遍是有效的学习方式？这是因为除了动脑学，动手记笔记和练习，费曼学习法还调动了以下几方面。

大脑和语言：组织语言说出来，会迫使大脑进一步思考，把原本模糊的想法具体化、精确化。我自己常有体会，在讲的时候，才发现原来脑子里想得不够准确。所以，讲出来比想一遍更有效。

效率：给人讲，要有个时间表，这样就督促了自己快些学习。

责任心：给人讲，总不能讲错吧，所以要理解得更准确一些。

---

36 "费曼学习法"或者"费曼技术"包括，获取知识、教学、回顾、简化四个步骤。不过，我觉得在教育学意义上严谨地"做全套"，反而会对同学造成应用上的负担。同学掌握"给别人讲"这个技能，并且不断着力优化，就已经很好了。

自信心: 在给人讲的过程中, 听众有问题怎么办? 所以要理解得深刻一些, 这样才不担心听众的提问, 也能进一步提高自己的自信心。为了锻炼自己, 在讲的时候, 请鼓励大家踊跃发问和讨论。

所以, 费曼学习法充分调动了大脑、语言、效率、责任心和自信心, 和只用脑和手的传统学习方法相比, 优势非常明显。

要通过"给人讲一遍"来学习, 我们要回答的一个问题是, 给谁讲? 与其对着空气讲, 几个志同道合的同学组成学习小组(也可以叫讨论班), 互相讲, 是更好的选择。学习小组也可以把上网课和互相讲结合起来, 发挥两者之长, 达到 1+1>2 的效果。等到了大学高年级, 开始学习高级课程, 甚至可以吸引一些老师加入学习小组(这就接近于自发地翻转课堂了), 这样学习效果会更好。

组建学习小组时, 注意贵在坚持, 不要一次贪多。这是因为, 对于刚刚开始尝试知识输出的同学, 可能对知识的理解和表达仍有欠缺, 讲多了会让其他同学觉得不知所云。每人花十分钟到半个小时讲透一个知识点(这样就需要把教材内容划分成小知识点, 除了自己划分, 也可以参考网课的划分), 每次安排几个人分开讲, 可能比一个人讲一个小时更容易准备, 也更有效。

如果要赋予学习小组一点仪式感的话, 可以给学习小组取个好听的名字。爱因斯坦青年时曾把他和小伙伴们的学习讨论小组称为"奥林匹斯科学院"。就算起不了这么大的名字, 我们总可以起个"南七科学院""五道口科学院""清水湾科学院"吧[37]!

最后, 除了组建学习小组定期输出以外, 做个视频创作者, 在网上分享知识, 也是实践费曼学习法的一种方式。也就是说, 同学们不仅可以通

---

37 你知道这些"科学院"代表哪些大学吗?

过网课学习，也可以成为网课的创造者。

第七节　人工智能：科幻般的学习照进现实

近年来，人工智能（AI），特别是 ChatGPT 这类"生成式人工智能"的发展日新月异。虽然目前网络上也充斥着一些对人工智能的过度信任或吹捧，但现在，是时候让 AI 在我们的学习中做点实事了[38]。

比如，对大学低年级课程而言，由于与这些课程相关的网络资源较多，AI 有大量数据可学习，所以给出的回答通常相对靠谱。

比如，我试过问人工智能（ChatGPT 和文心一言）以下问题，都得到了很好的答案。

问：我已经学会了用 Python 编程，希望学得更深一点，你能为我提供学习建议吗？

答：当然可以！如果你已经掌握了 Python 的基础语法，那么接下来可以考虑深入学习以下几个方面的内容。

数据结构和算法：数据结构和算法是编程的核心，对于提高编程能力和解决复杂问题非常重要。你可以学习常见的数据结构（如数组、链表、栈、队列、树等）和基本的算法（如排序、搜索、递归等），并尝试自己实现它们。

面向对象编程（OOP）：Python 是一种面向对象的语言，掌握 OOP 概念和技巧对于编写高质量的 Python 代码至关重要。你可以学习如何定义类和对象，了解封装、继承和多态等概念，并通过编写实际项目来实践这些知识。

---

38 这一节写于 2023 年年底。由于人工智能发展迅速，或许这一节的很多内容很快就会过时。但这不是阻止我把目前经验分享出来的理由。

异常处理和调试：在编写代码时，异常处理和调试是非常重要的技能。你需要学习如何捕获和处理异常，以及使用调试工具来查找和修复代码中的问题。

文件和目录操作：文件和目录操作是 Python 中常见的任务。你需要了解如何读取、写入和操作文件及目录，并学习使用 Python 内置的 os 和 shutil 等模块。

多线程和多进程编程：Python 支持多线程和多进程编程，这对于并发和并行任务非常有用。你可以学习如何使用 threading 和 multiprocessing 模块来编写多线程和多进程程序，并了解线程和进程之间的区别。

网络编程：网络编程对于开发需要与网络交互的应用程序非常重要。你可以学习如何使用 Python 的 Socket 和 HTTP 等模块来编写网络客户端和服务器端代码。

使用第三方库和框架：Python 有许多第三方库和框架，可以用于各种不同的应用领域。例如，你可以学习如何使用 NumPy 和 pandas 进行数据处理和分析，使用 Flask 或 Django 开发 Web 应用程序等。这些库和框架可以帮助你更高效地开发应用程序，提高你的生产力。

学习使用版本控制工具：版本控制工具（如 Git）可以帮助你管理和跟踪代码的更改历史记录，方便团队协作和管理代码。你可以学习如何使用 Git 来管理你的代码，以及如何与他人协作开发项目。

学习设计模式：设计模式是解决常见问题的最佳实践方案。你可以学习常见的 Python 设计模式（如工厂模式、单例模式等），并了解它们在现实项目中的应用。

自动化测试：自动化测试是确保代码质量和可靠性的重要手段。你可以学习如何使用 Python 的 unittest 和 pytest 等模块来编写自动化测试用例，并了解测试驱动开发（TDD）的方法。

最后，建议多参加编程社区和活动，与其他 Python 开发者交流，并学习他们的经验，不断拓宽自己的视野，提升自己的技术能力。

这个回答来自文心一言，我选择把它完整地复制过来，一是为了展示问答的例子，二是这个答案本身对同学深入学习编程也有参考价值[39]。之后，我又问：

我想学习"数据结构和算法"，为我提供一个学习提纲好吗？

文心一言对此的回答也很靠谱，给出了与教材内容类似的范本回复，并包含了除教材内容外的实操建议，以及围绕实操的进阶问题。相信同学们可以举一反三，通过向 AI 提问，梳理知识结构，进行主动学习。

如果你编写的程序出了问题，也可以把程序贴到与 AI 的聊天窗口，让 AI 帮忙找错误，AI 是很擅长"排错"的。

关于如何调用程序包的问题，没有生成式 AI 的时候，我们需要花大量时间查阅文档和例子。现在，对于常用程序包，只要问 AI，AI 都能帮忙生成程序代码。关于这方面技巧，可以在网上搜索类似"零基础使用 ChatGPT 制作游戏"这样的内容，相信得到的结果会对你很有启发。

这里我用编程学习做例子，一方面是因为需要学习编程的同学很多，另一方面也是因为目前生成式 AI 特别擅长解决与编程相关的问题。不过，如果同学问生成式 AI 其他专业的问题，就我的测试（问 AI 一些数学专业

---

39 对我个人而言，我第一次看到 AI 的这个回答时百感交集。因为在我小时候，当我掌握了一门编程语言（当时是 BASIC），自己根本不知道应该如何进阶，身边也没人能提供建议。于是我盲目地学习编程语言里的奇异语法，以及更多种编程语言，却不知如何深入，几乎是在浪费时间。现在只要问问 AI，就可以得到在我小时候很难获取的有效信息。

和物理专业本科阶段的知识）而言，在知识结构框架、如何学习方面，得到的回答也是挺靠谱的。

有的同学可能会问，这些信息都可以通过网络搜索得到，还要生成式AI干什么？网络搜索需要提供合适的关键字，才能找到需要的信息。即使现在的网络搜索更智能了，关键字不需要精确匹配，也需要特别相似才行。如果你常用网络搜索，可能都会遇到"脑海里有个问题，但是不知道搜什么关键字"这样的困扰。而问AI，你把问题说出来就好了，AI会理解你想表达的意思，它的答案中也会包含你进一步使用搜索引擎获取信息所需的关键字。

但是，生成式AI目前也有它的局限性。我们学习的时候，千万不要被AI糊弄甚至欺骗了。使用生成式AI时，你可以把"他"想象为一个掌握了大学知识的热心"学长"，"学长"不一定很靠谱，有点爱吹牛，在班上的学习也不是拔尖的。作为一位"学长"，生成式AI会给你分享很多经验，但也有很多缺点。

第一，说谎。生成式AI提供的内容可能有事实错误，提供的参考文献甚至可能完全是编造的。当然生成式AI并不是故意在骗人。但类似ChatGPT的生成式AI，说的话都是按照统计概率生成的。所以，生成式AI经常提供一些虚假的内容。国外就有个律师，让ChatGPT为他提供案例以便打官司，结果ChatGPT瞎编了案例[40]，让这个律师付出了惨痛的代价。

第二，陈列知识，而不是讲解知识。我问过ChatGPT很多物理问题。得到的答案常常是一堆正确的废话（运气不好的时候也会包含一些错误）。ChatGPT的回答会堆砌很多正确的话，但是并没有在物理层面上把问题讲

---

40 这位律师还"严谨地"请ChatGPT确认，信息是不是真的。ChatGPT信誓旦旦地说是真的，于是这个可怜的律师就信了。

清楚[41]。从这个角度来看，ChatGPT 还不是个好老师。

第三，难以澄清常见误解。这是因为在网上，与一些误解有关的错误内容比正确内容还多，所以 ChatGPT 学到的内容本来就是错误的，也就无法给出正确答案。

所以，使用生成式 AI 来辅助学习时，要怀着一颗批判的心，本着一边学习知识，一边练习批判性思考的态度，谨慎地分辨生成式 AI 提供的信息的真伪。一旦我们拥有辨别真伪的能力，生成式 AI 工具便可以作为我们的得力助手。

---

41 计算机和物理可能是 ChatGPT 应用中的两个极端。ChatGPT 很擅长解答计算机问题，但不太擅长解答物理问题。这或许因为物理学一方面联系着我们的真实世界，另一方面联系着数学的逻辑，ChatGPT 还不能把两者很好地结合起来，并以第一原理的方式进行讲述。

第三章　功夫在书外：课本之外的选择

本章导读

在上一章，我们专注于课程学习，探讨了如何完成从高中到大学的转换。但是，大学对一个人能力的提高，是全面的、广泛的，不仅限于课程学习。本章中，我们将就机遇、努力、行动、面对、选择、拖延、成瘾、压力、焦虑、挑战、妥协、信息、时间管理和性格等各个方面，与读者探讨，如何向积极的方向全面发展。

第一节　机遇与努力，哪个更重要？

中学时，我喜欢看篮球赛，而现在更喜欢看足球赛。

中学时的我，不懂足球的魅力。一个多小时的比赛，一共也进不了几个球，甚至全场一个球都不进，这有什么可看的？你看篮球赛，一会儿就能进一个，看点满满。

但是现在的我慢慢发现，足球赛场，更像你我的人生。无论大人物还是小人物，铸就一个人高度的毕生成就，也就那么几项[42]。足球赛真的很像人生的缩影。

如果不看完整的一场足球比赛，只看网上传播最广的足球赛场"名场面"，你可能觉得，足球赛场就是一个马拉多纳，连过五人然后破门得分；足球赛场就是一个贝克汉姆，从中场线上射门进球，再露出阳光般的微笑；足球赛场就是霍华德，门将开大脚直接将球踢进对方球门。这些足球场上的"逆天"进球，看上去只靠天才和运气，这也像极了世界上已经成为传说的各种"逆天"的成功故事。

但是你若真看一场完整的现场足球赛，那么大概率你并不会看见这种"名场面"。你会发现即使是天才球员，在一场比赛中也会有多次失误，多次进攻失败，甚至失败后气得只能踩草皮。

而且，如果只看到成功和失败，以及决定成功和失败之间那一点运气，在一场足球赛中，我们还是错过了太多。球员在一场足球赛中的跑动往往在一万米以上。即便是顶级球星，这一万米跑动中的大多数也没有出现在转播画面里。但如果没有这些无球跑动，全场都被防守队员盯得死死的，那些镜头中的机会，无论成功还是失败，都无从谈起了。

我觉得，人生中的努力与机遇，也大抵如此。大人物除了广为人知的高光事迹，人生中也有很多不为人知的起起落落。小人物获得的机会也是如此。这里我聊聊，到目前为止，自己最重要的科研工作经历，与大家分享一下自己的体会。

这项研究工作，如果用几句话概括缘由，就是有一次陈新刚老师来中国科学院理论物理研究所（下文简称理论所）访问，问秘书哪里可以洗衣服，

---

42 即便百科全书式的大师，例如冯·诺伊曼，随便拿出个小成就，也比我这种平凡的科研工作者厉害很多。但是，后人用来评价他学术高度的仍然是他最出色的几项成就。

秘书让我带陈老师找洗衣服的地方，借此机会我们聊了聊工作并越聊越投机，后来就一起合作，再经过艰苦的计算，一项科研工作就完成了。

　　有机会和陈老师合作完成这项科研工作，起因就是陈老师要找洗衣房。这的确是我的运气。不过，如果只凭运气，那么我们为何不守株待兔，去大学洗衣房工作呢？

　　在完成这项工作之前，得益于导师的指导[43]，我已经对理论物理有了较全面的掌握。并且，在之前两年，我每年写近十篇科研论文，在极早期宇宙研究的各个细分领域都有论文发表。有人可能说，你写二十篇论文，不如集中精力写一篇重要的论文，你做的事情是俗气且没有意义的。但是我自己知道，没有之前大量工作经验的有效积累[44]，我即便有机会，也会因技术过难，没有成型的计算方法可以借鉴，而不得不放弃。反过来说，当你没有看到一个更重要的机会的时候，就应该踏实地去做自己能做到的、相对重要的工作。眼高手低、坐等机会并不可取，很少有人会有运气等来机会。

　　另外，当时理论所为了加强国际交流，请了一大批国际上的顶级大师和青年才俊来理论所访问。在理论所，学术能力优秀的研究生很多，但是能"厚起脸皮"和这些大师交流的研究生不多。

　　当时陈老师问秘书洗衣服的事情，秘书一看在外面和国际学者讨论问题的人中只有我一个是学生。去哪洗衣服，自然要问我了。不谦虚地说，这也算是个"无球跑动"吧。

---

43 这是另一个大好运，不过背后也有挺长的故事，不是运气能简单概括的。

44 当然，这里我并不是说大家要为发表论文而发表大量论文，或者在其他工作中只注重数量不看质量。我之前发表的近二十篇论文，其想法和技术各不相同，这个工作过程是不断学习的过程。反之，如果只注重数量，为掌握一项技术而不断"换汤不换药"式地大量发表论文，就不能达到这种有效积累经验的效果了。

本节谈论的是机遇与努力，这里我略去了兴趣的作用。我在研究生阶段的努力，无论工作方面，还是与人交流方面，更多是出于我对专业的兴趣。这一点就和足球场上的"无球跑动"不同了。足球场上的"无球跑动"，不是球员有跑动的兴趣，而是目的明确，为了进攻或防守而跑动。但我们人生中的"无球跑动"，除了目的驱动，也有很多是兴趣驱动的。至少对我这个科研从业者而言，这些兴趣驱动的"无球跑动"，对我的发展起到了更重要的作用。

所以，做你喜欢的事情，你的运气可能会更好。

第二节　行动："宁在一思进，莫在一思停"

在中学时代，我们中的多数人，做的多数事情，都是被计划好的。按计划学习、期中考、期末考、模拟考、高考，我们中的多数人，并不能选择"做"与"不做"，只能选择如何做到更好。

但是，从大学开始，我们的人生不同了。从选课程修学分这样的小事，到进哪个科研实验室，选哪个导师，要不要进行一场疯狂的创业等事情，我们可主动，可被动；可做，可不做。当你毕业并参加工作，你会发现，这些可做可不做的事情越来越多。

我做了很多可做可不做的事情，不是被指派，而是主动去做[45]。我做理论物理科研，每篇科研论文平均不过三位合作者，至今已有超过一百位合作者。可能会有人批评这样的科研不专注，没有"坐十年冷板凳"。有很多的合作机会，就是与同行偶遇和讨论之后，发邮件继续跟进讨论的结

---

45 不过，我也曾因为不主动，而错过很多机会。下文我也会提到，研究生一年级的时候本应主动找导师要科研课题来做，但是我因为不够主动，因此浪费了一年的时间。

果[46]。这些工作可做可不做，但是做下来，我实实在在从这些合作者身上学到太多。

科研以外，可做可不做的事情就更多了。比如某个学期开学前，我突然有了个异想天开的想法：在网上直播我在大学里讲的课。网上直播，讲不好可就公然出丑了。这么费力气的事情，学校又没有先例，懒一下就错过了。不过我有了这个想法，便立刻和同事讨论，并向主管教学的副校长发邮件申请许可（似乎没有先例也没有规章制度可循），还寻求了学术直播网站蔻享的支持。现在，这门课已直播完毕。这是我教学生涯中令我非常自豪的一段经历。如果当时退了一步，没有主动向前，我的教学就少了这样重要的光彩时刻。

但请读者朋友注意，这种"宁在一思进"也是一把双刃剑。我从电影《一代宗师》里看到这句话，而电影里把这句话挂在嘴边的马三，他所谓的"进"，最后却是做了汉奸，走到了"进"的反面。所谓"君子有所为，有所不为"。"宁在一思进"旨在让人有行动力，不要被惰性绊住，敢尝试，但绝不是不分好赖，什么事情都来做一做。对不该做的事，我们必须坚守底线。

第三节　面对：困局中，上前一步

百万年前，我们的祖先面对危险，经常选择逃走。因为你从老虎面前逃走了，老虎就去吃别人，不会追着你，吃定你。

---

46 后来我才意识到，发邮件跟进讨论，好处也很大。当你遇到一个同行并与他讨论问题后，他很难记住你是谁。但是你一旦发邮件跟进，他就知道你了。就算他之后忘掉你，你也已经"出现在"他的"数据库"。之后如果他想搜索一下你这个人，一搜索邮件，发现曾经一起讨论过，顿时好感度"+1"。所以，你在和别人讨论科研工作或者别的工作后，记得发邮件把自己的联系方式奉上，这是个利人利己的好习惯。

　　但是今天，时代变了。我们要做的事、面临的社会关系，大都是长期的。今天，你从困难面前逃走了，这个可恶的困难并不会去"吃"别人。你不解决这个困难，这个困难永远是你的困难，也就追着你，"吃"定你了。

　　为什么把今天的我们和我们的祖先进行比较呢？因为，我们的天性是从百万年前，没有被老虎吃掉的祖先那里继承来的。如今，时代变了，但我们的天性变得可没那么快。我们应着力纠正自己天性中不适应当今世界的那一面。例如，面对困难，我们的天性往往是逃避，逃避，再逃避。但如果困难一直在那里，我们的处境就会变得越来越糟。

　　上大学时，我玩过一个游戏[47]。其中有一个场景，我至今仍记忆犹新。

　　当时，我在游戏中走过一个复杂的迷宫，最终到达两扇门前。我得到信息：这两扇门，或者是生门，或者是死门，决定你的生死。你要自己选择推开哪一扇门。

　　当时我分析了各种蛛丝马迹，还是找不到任何提示，看不出哪扇门是生门，哪扇门是死门。

　　最后没办法，我只好随便推开一扇门。原来，两扇门都可以通过，都是生门。如果你面对困难，敢于推开"一扇门"，你会发现也许每扇门都是生门。但是如果你选择逃避，不敢推开"一扇门"，那么，每扇门都是死门。面对困难，不要逃避。

　　"面对困难，不要逃避"这个感悟曾在我的学术生涯中"救"过我。读研期间，我和导师曾闹过矛盾。现在看来，至少从我的角度解读，这个矛盾算是个误会。从导师的视角来看，导师是对的；从我的视角来看，误会的另一端，我有一定责任。

---

47 这里不是鼓励大家都来打游戏。相反，我曾努力地摆脱游戏，因此节省了大量时间。本章
　　第六节中，我还会和大家分享我在打游戏和工作学习之间的纠结与选择。

如果这个矛盾一直不解决，恐怕以后我就很难和导师合作下去了。凭我当时有限的能力，我的学术生涯大概也就由此终结了。僵持之下，逃避困难，一天天过得很快，并且很容易过。过了一段时间，我忽然想起了游戏中的生门和死门。我忽然意识到，逃避就是死门。我必须以某种方式解决这个矛盾。我换了一个角度，让自己从导师的视角看这个矛盾，这才发现，从导师的视角看，他是有道理的，我应该向他道歉。

于是，我向导师道歉。感谢导师的理解，我继续跟着他学习，学术生涯由此得以继续下去。

从另一个角度谈面对困难与逃避困难。我们有时会说，某某做出了正确的或者错误的选择。但是，很多情况下，我们并不是真正在选择正确的还是错误的，而可能是在选择"正确的还是简单的"。我们往往下意识地想选择简单的选项，因为逃避困难是人类天性。这时，需要一些迎难而上的勇气。用勇气来面对困难。

当然，这里我们说的面对，对大多数事情而言，并不是要求下一秒钟，你就必须面对。我常劝朋友不要在愤怒中做决定，因为在愤怒中做的决定常不明智，常让人追悔莫及。等一等，冷静一下，重新打起精神，并不影响你面对困难。像《乱世佳人》中斯嘉丽说的，睡一觉就好了，毕竟，明天又是新的一天。在愤怒或疲惫时，休息一下，明天再面对，但别拖太久。

第四节　选择：困难的选择告诉你，你为什么是你

买东西，常有挑花眼的时候。人生更是如此。

面对重要抉择，选这个，还是选那个？这是我们每个人都要反复面对的问题。

我们都知道，重要的决定别乱做，不然会后悔。但是我们经常遇到的情况是，即便获得了充足的信息，经过了反复权衡考量，最后还是不知道选哪个。这时，该怎么办？

这时，跟随你的内心，做个决定，去选一个，就好了。

别怕做这样的决定。你应该为做出这样的决定而感到自豪。

让我们反过来想：如果你一生中做的每一个决定，都是轻松的，都是只要不傻，就能做出一个确定的正确选择。那么，你还是你吗？

在这种情况下，只有两种情况，一是傻，二是你不再是你。

你智慧的眼神告诉我，聪明的你不会做傻决定。那么，假如你人生中每一个选择，事实上都不用选择，只有唯一的选项。那么，你通过什么区别于世界上其他人呢？你做的一切选择都是固定的，你的自由意志形同虚设。你如何活出你自己呢？

反之，只有面对这些困难的选择，困难到反复权衡仔细考量，也没法做决定，那么选择你想要的，你才成为你。困难的选择塑造了你，所以不要担心选错，也不要担心后悔，做出选择，成为你自己。

第五节　拖延：拖延症，怎么治？

常有人问我："你为什么没有拖延症？"

我也常向他们解释，我有拖延症，还很严重，但是没人信。

没人信的原因是，需要交给别人的东西，如刊物审稿意见、书稿反馈、科普视频等，我都会尽早交，不会拖到最后一刻。如果手头刚好没别的事，我通常会马上把事情做了，交出去。例如，论文一天写完；刊物审稿意见当天回复；千把字的稿件一小时交稿；合作伙伴上午让做个短视频，下午就发给对方。所以大家都认为，我是个没有拖延症的人。

但我自己知道，我为什么尽早交，甚至早到让别人认为我没有认真准备，只是在敷衍他们[48]。这就是因为我有拖延症。我应对拖延症的办法，就是赶在发病之前，把事情做完。

一件事情，哪怕很简单，如果不做，一直拖着，这件事就会在我心里越来越重，越来越重，最后成为一个大负担[49]。所以，尽管回复太快也许有点不矜持、不体面，也许显得我很闲、很无聊，我仍然会尽快回复。

如果接到任务的时候没有时间做，我也力求在下一次想起它时，把这件事情做完。有时，我心里对开始做事情也是抗拒的。于是，我强迫自己养成了一个习惯：不管愿不愿意做，先上手，做十分钟再说。如果做十分钟后实在不在状态，再放下。但是，十分钟往往就足够让我消解抗拒，甚至享受做这件事情了。所以，想到了，就先做起来。这也是应对拖延症的良方。

所以，我很少把事情拖到截止日期才做[50]，但是也有几种可以利用截止日期的例外。

---

48 为了避免别人误以为我是在敷衍，我有时会把文档在邮箱或聊天界面里准备好，之后做些其他事情，晚一些再点发送。

49 为什么这些拖延的事情，会让我们越来越不想做？其中一个原因是，当我们想起一件事，又把这件事按下不做的时候，下意识会给自己找些理由，比如这件事很难做、我不擅长做、今天不适合做这件事情之类，把"放下不做"合理化，这样就在心里积累了很多不做这件事情的理由，让这件事在心里变得越来越难，变成一个越来越大的包袱。

50 有些同学会把作业拖到截止日期前一刻才交，甚至截止日期前一分钟才交，以致学校服务器反应缓慢，作业提交失败，最终错过截止日期，又是一番捶胸顿足。别把事情拖到截止日期，生活才会从容许多。

例外之一：不靠谱的事。网上有个极其搞笑，但也极其实用的帖子，问有什么经验，是经验丰富的程序员才知道的。有人答道："不靠谱的需求留到最后实现，往往还没做到那儿，需求就变了。"如果你预计，要做的事情过几天就会自动消失，或者"变形""变身"，那么不妨在截止的前一刻再做。

例外之二：有时效性的事。例如考前复习，我建议大家尽早开始第一遍复习，但是最后一遍复习别做得太早。考试之前最后复习一遍。我对待教学工作也一样，会在课前的最后时刻过一遍教学内容，例如早晨九点的课，我会在八点的时候把用到的所有公式写一遍，再跟着想一遍。这对我的教学至关重要。

例外之三：他山之 deadline[51]，可以攻 deadline。有些喜欢把事情拖到截止日期的朋友，觉得"截止日期就是生产力"，截止日期可以激发出强大的动力。这也有一定的道理，因为压力会让我们的大脑和身体高速运转。因此，我有时会用一件事情的截止日期来干另一件事情。比如还剩十分钟就要出门或者开会了，马上做另一件不相干的事情，在出门或开会的截止日期（准确说是时间）前做完它。借 deadline 打 deadline，让我利用了截止日期的生产力，但是并没有在之前受到拖延的折磨。

半开玩笑地说，我也想用物理学中近似对称性的自发破缺，来诠释拖延症。就是在一定时间范围内，做一件事情所花的时间不太重要。在物理学中，这叫作有个近似的时间平移对称性。今天做，明天做，都差不多，所以很多人才把它们拖到不得不做的截止日期，就是时间平移对称性最后被破缺的时候。但是还有另一个破缺时间对称性的时间，就是这件事情的开始日期。与其积压在心里让自己难受，拖到截止日期才做，何不在开始日期就把它做完呢？

---

51 deadline 即截止日期。

第六节 成瘾：玩上瘾了怎么办？

我很喜欢玩游戏。小时候就算没钱玩游戏，也想去游戏厅看别人玩，经常挨老师家长批评。后来发现，家里那台使用天线的电视机可以收到隔壁用电视游戏机玩游戏时因信号泄露产生的模糊画面，甚至还可怜巴巴地盯着模糊的电视画面看隔壁邻居玩游戏。

研究生一年级这一年中，我花了大量时间在玩游戏上。这一年是我过得非常差的一年。原因一方面是研究生一年级上的课，我本科已经学过了；另一方面是我在研究生一年级时学习不够主动，没有主动找导师去提前做研究（中国科学院理论物理所的要求是研究生二年级去找导师做研究，但是没有主动找老师，是我自己的失误）。

无论是从短期还是长期来看，研究生一年级这一年我都过得很差。从短期来讲，玩了一会儿游戏之后，再玩下去其实并没有给我带来愉悦或成就感。长时间玩游戏的我，就像一只实验里的小白鼠。再开一局游戏，只是为了满足开一个新盲盒的期待，并没有得到什么。

从长期来讲更是这样。即使我玩了一万个小时游戏，最终能带给我什么呢？什么都没有。想到这一点，我觉得自己应该做些改变。我的兴趣很广泛，玩游戏，只是最省劲的娱乐方式而已。

于是，我卸载了计算机上的 Windows 系统，装上了 Linux。在接下来十年的大部分时间中，我的计算机里都只有 Linux，这个系统无法运行我想玩的游戏。这十年，是我面壁图破壁，奠定科研基础的关键十年。

其实，卸载 Linux 装回 Windows，也就是花一两个小时而已。但是这一两个小时的不方便，就足以让我把兴趣从空耗时间地玩游戏，转到做一些更有意义的事情上来。除了学习和工作，我读书、写作、摄影、学习计算机技术。这些都是我跟随爱好自由探索出来的。这些爱好带给我的收获比玩游戏更多，也给了我更长期的愉悦。当时更想不到的是，如今，这些爱好和我的科研专业一起，都成了我做科普自媒体的关键技能。

另外，我知道自己有爱玩游戏的毛病，所以有意识地将这个毛病止步在单机时代，从没有碰过网络游戏。因为如果玩网络游戏，就更不知要花上多少时间了。

玩手机也是一样。假如你意识到自己手机不离手，可以考虑把手机放在一个需要走两步路才能够到的地方，暂离手机后你就会发现，每天能多出很多时间。

所以，与容易成瘾的事情保持距离，并且不要去碰更容易成瘾的事情，这样节省出的时间与精力可以多做很多有意义的事情，无论对自己的精神状态还是未来发展，都是正向的。

不怕大家笑话，我人生的最后一个梦想，就是退休以后，干不动别的事情了，就天天玩游戏。只是那时还有我会玩的游戏吗？就算会玩，会不会"欲买桂花同载酒，终不似，少年游"呢？但无论如何，在此之前，生命中还有太多有意思的、有意义的、可以积累经验的事情，等着我去做。

第七节　压力：同侪压力，健康竞争

杰克觉得压力很大，他想学理论物理，但是就算在小小的一间研究生办公室里，他也觉得其他同学都比他强。这样学下去，有什么前途呢？更让人沮丧的是，他的研究成果 [52] 也没人相信，甚至沦为别人的笑柄。他感受

---

[52] 他的研究成果，后来也被证明是很重要的，就是量子场论中的反常现象。

到的、来自办公室小伙伴们的压力，就是同侪压力[53]。

这位杰克的全名是杰克·施泰因贝格尔，他在办公室感到同侪压力，是 20 世纪 40 年代的事情了。和他同一个办公室的研究生是杨振宁和李政道。那时，他们还都不知道，他们都有光明的前途：杨先生和李先生因提出宇称不守恒，获得了 1957 年的诺贝尔物理学奖；杰克转行成了实验物理学家，因发现 μ 子型中微子，获得了 1988 年的诺贝尔物理学奖。

当然，这是个极端的例子。但是我们的成长，也往往伴随着与同侪压力和解的过程。我高中的时候有幸在一个特别优秀的集体中，与同学们共同进步。当时身在福中不知福，还不时生出嫉妒的情绪，但回过头看，能在那样的集体中提高自己，实在是幸运之至。

后来，我又有幸身处很多优秀的集体。在优秀的集体中，只要我能提供我特有的哪怕一点价值，就可以快乐地与这个集体共同进步，而不是在压力下难以发挥自己的优势。

在身边充满优秀同行的环境中，一同成长并不是说彼此没有竞争。但对我而言，这种竞争的压力主要源于自己，身边人那么优秀，我也不能落后。但同时，我希望身边人更优秀，这样"大佬"们也可以带着我走得更远。这种竞争，是健康的竞争。和身处给人使坏，踩下别人来显示自己的"零和博弈"，甚至"负和博弈"的竞争中相比，在一个健康的竞争环境中，个人的潜力能得到更大的发挥。

---

53 侪（chái），《说文》: 等辈也。同侪压力是 peer pressure 的中文译名，有时也译为同伴压力、同辈压力等。

第八节　焦虑：那些年，我们一起担的心，值得吗？

在焦虑这件事上，人与人实在大不相同。有的人大大咧咧，焦虑太少，麻烦来了才忙不迭接招；有的人谨小慎微，担心太多，被困在焦虑中难以前行。两者需取个平衡更为合适。

我虽谈不上焦虑，但有时担心偏多，所以我或许无法给大大咧咧者有用的建议，但对过于焦虑的同学，我从无尽的担心中释然的经验，可能值得分享。以下这两句话对我特别有用。

第一句是：在现实中，我担心的事情大部分是没有发生的。对我来说，这个统计规律成立。那些年我担的心，往往是不值得的。而发生的意外情况，也未必在我担心的情况之列。看到担心的作用实在有限，自己的先见之明也很有限，自然就觉得没有那么多可担心的了。

第二句是：面对一件令自己担心的事情，想想可能发生的最坏情况是什么，先努力接受这个最坏情况。如果最坏情况都能接受，那还担心什么呢？放轻松，去追求更好，就好了。

第九节　挑战：走出舒适区，但一次别走太远

要提升自己，努力是个好习惯。但是，努力要用对地方，不是说自己努力了，就是在提升。有时，努力给人一种提升的假象，是一种自我感动。自我感动式的努力，还不如不努力。

我高三那年过得很没有效率。我高二参加过全市高考模拟考试，根据高二的排名（与当时高三的同学一起排名）推断，我高三的成绩不仅没有提高，反而下降了。高三的我，非常努力，但是多数时候，只是在做一种

自我感动式的努力。

我高三时花了大量时间做高考模拟题。自习课全都在做高考模拟题，一套又一套。但是，我在做题时并没有针对自己的弱项[54]进行训练和提高。也就是说，当时我在自己的舒适区里，不断做自我感动式的努力。这并没有让我进步。

当时，如果我能认识到这一点，无论是拿个错题本把自己错过的题总结出来，按照题型进行针对性训练；还是读一些超出高中要求的中文和英文作品，提高自己的中英文语感；或是分出点时间学些大学课程，我都能更有收获。但我当时所做的却只是无脑的、让自己舒适的努力，这是最无效的，和躺平不努力相比，可能并没有结果上的区别。

因此，我对无效努力提高了警觉。在科研工作中，当我写了十几篇科研论文时，已经熟练掌握了发论文的基本技巧，在一些小的科研想法上也是轻车熟路。当时我虽然还没有看到什么进步，但是意识到自己是在无效努力，如果再按这个模式不断地简单重复，就好比专找木板薄的地方不断钻孔，恐怕自己的科研水平就止步不前了。于是，我积极求改变，向更多人学习，和更多人合作，在学习和合作中，渐渐找到了进步的方向。

根据"一万小时定律"：想要成为一个领域的专家，无论什么领域，都需要一万个小时的练习。从我个人做研究的经历看，这个定律大致靠谱，但有一个关键是，这一万个小时的练习必须是一万个小时的高效努力练习，是走出自己舒适区、面对挑战、让自己真正学到东西的努力练习。

不过，离开舒适区走太远，我们也未必能适应。一方面，离开舒适区走太远，需要非常强大的心理承受能力。另一方面，离开舒适区走太远会

---

[54] 人生中，发挥自己的强项往往比补齐短板更重要。但是高考不同，补齐短板是提高分数的有效手段。

让人无所适从，不知从何做起。所以，勇敢走出舒适区，做"跳一跳，够得着"的努力，是最有效的。

当然，我们也可能会遇到运气特别好的情况，可能会跑到离自己舒适区较远的地方。比如高考超常发挥，上了一所更好的大学。上好大学总体上说是好事。但是如果好大学中的学生之间竞争激烈，那么，我们就需要接受挑战了。一是，心理上要顶住，不能放弃。二是，不必急于和比自己强很多的人一较高下，而是要发挥自己的优点，先差异化竞争，再从别人那里多学习。三是，把事情分成一小块一小块去做，每一次，走出自己舒适区一点点。积累起来，假以时日，自己就会到达一个更好的位置[55]。

第十节　妥协：辨别能否改变的智慧

世界总是有各种不完美的地方。如果有能力改变，则"勿以善小而不为"，把世界变得更好是一种美德。

不过，很多不完美之处并不容易改变。很多问题，看上去需要解决，但也许这已是较好的情况，有些事情如果贸然改变，结果反而可能会变得更差。与难以改变的事情死磕，一方面会让人付出不值得的代价，另一方面，可能付出了巨大代价后，得到的却是事与愿违。

所以，面对难以改变的事情，如果改变它们，并不是你的重要人生目标，那么不妨暂且接受它们。适当的妥协，是每个人进入社会的必修课。

我看到过一些很有天赋的人，一再因为遇到小事或小问题"不能忍"，

---

55 这里我并不是说，你只要通过努力就可以在自己的学校考第一名。有一些本来起点就更高的人，他们也十分努力。我的意思是，在硬实力上不要太差，学习成绩方面至少做到中等（在任何一所大学，成绩做到中等并不困难），然后再着力发挥自己的优势。这样，无论是求学，还是求职，自己都能有个不错的基础。

不断换工作，而且往往越换越差，状态也变得大不如以前。怼天怼地，最后把自己怼成空气。这种情况下应该多想想，是不是真不能忍。如果真不能忍，要不要等个好机会再换工作。不要让愤怒的情绪为自己做决定，要用理智平衡一时意气。

有句话说得好，在此与大家共勉："请赐予我平静，去接受我无法改变的；赐予我勇气，去改变我能改变的；赐予我智慧，去分辨这两者的区别。"

第十一节 信息：丰富与过剩如何取舍？

人类进入信息时代后，网络为人们获取知识提供了巨大的便利。现在，通过手机和计算机获取信息，比以前在最好的图书馆还便利得多。以前，学好一门课所用的最好的教材，是小圈子里才清楚的"武林秘籍"，但现在，上网搜五分钟，就搞清楚了。以前，远程讨论需要花费昂贵的电话费，视频会议还需要专业的设备，但现在，这些都是花费不高的基本操作。

但是，网络带给我们的过载、焦虑和分裂，也提醒我们，要掌握什么时候"联网"、什么时候"断网"的度。

过载：网络上信息太多，良莠不齐，在网络上获取信息的过程好像一直在学习。但是如果你通过网络的信息获得大致想法后，自己深入思考，返回来就会发现，网络中的很多同质化内容无须再看了。

焦虑：网络上"能人"太多。随便一上网，就有太多看起来比你强得多的人在展示自己。这些人，有的人真强，有的人装强，看得人眼花缭乱。一方面，看到这些"强人"，"见到高山"[56]，对了解世界有好处。但有些

---

[56] 同时应注意的是，网络中经过装饰的"高手"，可能远不如生活中真正见到的高手厉害，对自己的认知和思维有帮助的人也更可能是后者。

朋友会因此焦虑，怀疑自己的价值。回忆我学习的经历，如果我在学习阶段天天盯着世界上（网络上）最厉害的人在干什么，那么或许我就没有信心坚持搞研究了。不过，我求学的年代信息相对闭塞，可以让我埋头学十年[57]，回过头来，发现自己也没那么差。

分裂：有时，我对某些事物不太喜欢，这时，我往往会忽略这些事物的优点，在网络中陷入与这些事物缺点有关的信息洪流中不能自拔。此时的网络信息就像是个谄媚的小跟班，不断地说"是的，大人"，不断地推送同质信息来取悦于我。与此同时，同质的片面信息会让人更加偏激，听不进他人意见、容不下他人看法，于人于己都不好。所以，当我们发现自己陷入这种"自我强化"式的浏览，不再学习新的信息，只是不断在强化情绪时，就要提醒自己，该离开网络回到自己的世界了。

第十二节　时间管理：能同时做多件事吗？

在做老师之前，我觉得自己一段时间只能干好一件事情，必须心无旁骛，才能工作。

比如，我在做博士后研究时，经常去其他国家进行学术交流和访问。这时，我最讨厌的是申请签证。准备签证资料、去使馆递交材料、预约面签，这些琐事每次都会导致我一个星期没法好好工作。

但是，做老师之后，我才发现以前的自己太矫情了。老师这个职业一方面可以实现我的职业理想，但另一方面，需要处理的杂事和琐事非常多。前面我提到过，大学老师的工作时间分配大致是科研工作时间占 40%，教学工作时间占 40%，服务工作时间占 20%。做科研时要与学生定讨论时间，

---

57 当然，埋头一段时间后应该抬头看看世界。埋头学习并不是说把自己和信息世界隔绝开来，
　　而是在大量信息中，保持自己的信心和独处时间。

搞教学时要排课，还要留出指导学生的其他时间，学校里的管理性服务要花时间，参加各种会议要花时间，生活中的其他事情也要花时间。这样一来，一天的时间就被分割得七零八碎。如果我保持以前那种一被打扰就做不了事情的矫情样，就什么事情都没法做了。

但是适应一段时间以后，我发现，每天做多件事情，也没那么难。虽然，如果在仅有一两个小时的时间窗口里做科研，常出现正在研究的兴头上，就要被打断去干别的事情的情况。但是，其实做完别的事情，回来还是可以继续安心做科研，只是要适应和接受这种状态而已。

为了避免研究工作被打断，我也有一点小窍门，就是一周中尽量把会议集中安排在几天内，剩下几天就过关起门来没人打扰的惬意生活，这样就可以自由支配时间，集中精力做事情了。

另外，我发现，理解一些计算机中央处理器（CPU）调度任务的算法，也有助于安排时间。因为我们安排时间做事情和 CPU 安排时间处理任务没什么区别。当这些算法在脑子里，事情来了，就可以下意识地搭配使用。像队列、优先级、抢占、结束时间这些算法，如果在刷题时会用，也不妨在生活中活学活用。

第十三节　I 人还是 E 人？看我七十二变

近年来，我发现朋友们特别喜欢谈论和测试 MBTI（迈尔斯 - 布里格斯人格类型测验）。我不是学心理学或相关专业的，不知其中有多少是准确的。不过，性格类型的第一重划分，I 人（内向）和 E 人（外向），好像在人群中画了一条挺让人信服的分界线。

据我肤浅的观察，一个人的性格是偏内向还是偏外向，确实存在差异。

所以，这种划分有一定道理。

内向与外向的划分，以及性格类型的细分，或许有助于人们认识自己。不过，请不要把这种划分当成束缚自己的枷锁，不要因为自己的测试结果是 E 或 I 就驱使自己对号入座，下意识地远离另一种性格特质，让自己在 I 或 E 的道路上越跑越远。其实，我建议大家不妨 I 得有点 E，E 得有点 I，人前 high 别人，人后自己 high。

熟悉我的人，都说我是个内向的 I 人。我常压缩与人相处的时间，专注做自己的事情，并且也比较享受这样的生活。我想有更多时间，做更多的事情。所以，尽管我内心偶尔藏着一个 E 人，但是"蒹葭苍苍，白露为霜。所谓'E'人，在水一方"。

但是，当我的生活与交际围绕物理展开时，"goodbye my love，我的 I 人"。例如，我在中国科学院理论物理所读博士期间进行学术交流的时候，朋友们看到的，是另一个我。前面我也提到过，我会积极地和每个来访学者都聊聊。

所以，"I 兮 E 所倚，E 兮 I 所伏"。不要给自己画一条线，并用这条线给自己设限，或者就算给自己画了一条线，这条线也可以拿来当跳绳，反复横跳。

第四章　有意栽花：向毕业而入学

本章导读

海德格尔说"向死而生"。本书并不涉及"生与死"这样沉重的主题，但如果目的性强一点，也就是功利一点看待大学生活的话，可以说大学生活是"向毕业而入学"。在毕业的时候，我们要成为怎样的人？反推回来，我们应当在大学过什么样的生活，掌握什么样的技能？

当然，大学生活不全然是功利的，不全然是为了光鲜地毕业。在大学中，除了对学习的兴趣（如果你有的话），也有丰富的课余生活。这些课余的有趣生活（很可能对未来的发展有用），我们下一章再说。

第一节　如何建造你的简历？

聪明而努力的你，一定不会为拿到大学的毕业证而困扰。那么，未来，无论你是读书深造，还是找工作，从现实的角度，有两张纸对你最重要。

其中一张纸是成绩单。前面，在讨论学习的那一章，我们已经聊了怎么在大学取得好成绩。

而另一张和成绩单一样重要的纸，就是你的简历（Curriculum Vitae，简称 CV）。一两张 A4 纸[58]，概括你大学取得的成就。

这里我讲"建造简历"，重点不是为大家介绍怎么"写简历"。大家上网搜一下，求职简历模板或者申请研究生简历模板，可以看到很多内容丰富、排版精良的简历范例。选一个可以综合职位风格和自己风格的范本，照范本来做，比我的讲解有效得多。另外，针对你心仪的企业或高校[59]，还可以按照他们的特点和需求量身定做一份简历。

"巧妇难为无米之炊。"在大学生活中，应当多做些可以写进简历的事情，做几件可以作为简历亮点的事情。这样，才不会在找工作写简历的时候，急得抓耳挠腮，后悔大学干的事情太少。这里我们的重点是：通过了解简历需要包含的内容，思考大学需要做什么事情。

如果你以前没给自己写过简历的话，不妨现在就给自己写一份简历。最好在计算机上写，作为纪念永久保存下来[60]。如果你现在还在上高中，可能值得写的不多，也不用写满一页。过一年之后，再更新一个版本，能有更多的东西填进去就好。

简历应该写什么呢？这里我举个例子向大家介绍。申请攻读研究生或

---

58 CV 可以写得更长，有些研究人员申请经费时会写很长的 CV，导致审核部门会强行限制经费申请者的 CV 篇幅在一页或两页。但是对于大学生来讲，由于职业积累有限，能写出两页高质量的 CV 就很好了。两页写不到的话，一页也可以。如果一页多出一点，但是两页很空的话，也可以采用单页双栏排版。

59 在第六章我们会提到，和找高校工作相比，在寻找企业工作机会时，为企业量身定制自己的简历更为重要。

60 写到这里，我有点后悔，自己能找到的最早的简历是申请博士后的时候写的，更早的，比如申请保研的简历没有保留下来。否则，现在看看那段胡乱写简历的"黑历史"，也是难得的回忆。

学术职位时,简历的排版简单点就可以了。但要是为了找工作制作简历,还是去网上找个更"职业"的模板为好。

简历先写个人的基本信息、联系方式、教育背景(Education,为方便读者写英文简历,这里也附上简历栏目的英文名)。

教育背景:
2005—2009:中国科学院理论物理研究所(博士)
专业排名:X / XXX GPA:XXX
2001—2005:中国科学技术大学(本科)

注意,简历在诚实可信范围内,可以适当扬长避短。如果你成绩好,且毕业不久[61],就可以写上你的专业排名、GPA[62]。但如果成绩不好,可以略去不写。如果你在读书期间也曾去别的学校交换学习,比如交换学习一学期,也可以写在教育背景中,但要注明一下,例如,哈佛大学(交换生)之类。如果不注明,会给人感觉这个人要么小心思太多、不够真诚,要么大大咧咧、不拘小节,这是负面的印象,至少在学术领域是负面印象。

如果有工作经历,接下来要在简历上告诉用人单位你的工作经历(Employment)。

工作经历:
2024.07 至今:香港科技大学教授
2020—2024:香港科技大学副教授

---

61 如果毕业多年,就考虑一下,是否还需要用大学时的成绩来"撑起自己的人设"。如果毕业后的工作经历比"大学成绩好",就不要再过多写大学的成绩了。

62 不同学校 GPA 的算法不同,建议大家按照本校官方推荐算法来计算。我见过有同学给自己算出了明显高于学校官方推荐算法的 GPA,可能是按别的学校更宽松的方法算的。这种学生我是不敢招的。

2015—2020：香港科技大学助理教授

2013—2015：剑桥大学霍金高级学者

如果工作性质很明显，比如上面这个工作经历显然属于科研性质，就不必注明工作中的具体职责。如果工作的性质不明显，可以简单注明工作职责。实习经历也可以写在工作经历中，但最好加个括号注明"实习"。如果别的可写内容较少，当助教的经历也可以写进来，加括号注明"助教"。

在教育、工作经历这些标准部分（你已经看到了，即使在标准部分，也是有发挥空间的）之后，自由发挥的空间就更大了。

针对工作经历不多的情况[63]，简历上接下来可以写"研究经验"（Research Experience）或"项目经验"（Project Experience）。如果两者都有，也可以都写上。不过这取决于你的强项，以及求职的方向（是从事科研还是找其他工作），可以有针对性地加以突出。

研究经验：

课题一：XXX，2022—2023

　发表在：题目、作者、刊物名称、页码等信息

　指导教师：XXX，XXX

- 调研了 XXX 领域

- 使用 XXX 技术，计算了 XXX

- 使用 XXX 语言、XXX 算法，对 XXX 进行模拟

……

---

63 如果工作经历或研究经验较丰富，比如发表过一百多篇研究论文或做过大量项目，那么就没必要在这里用大量篇幅概括很多论文，而是可以简要写研究兴趣（Research Interests），之后再附上发表过的文章列表、项目列表等。

这里注意，对于大学本科生而言，如果某项研究完成后还发表了文章，一定要醒目地写出来。我就见过有的同学把发表文章这件事隐藏得很深，要仔细看简历才能找到。招聘者在快速读简历时，很可能忽略应聘者的文章发表信息。

如果指导教师对你比较满意（至少没有不满意）的话，指导教师的姓名也值得写出来。如果招聘方碰巧认识指导教师，也可能会通过指导教师询问一下你的情况，你就可能得到更多好评。

研究经验部分，使用到的技能可以分条列出来。这样，招聘方可以具体了解你掌握的技能。

特别要注意的是，你写到简历里的一切东西，你要有能力解释清楚。因为用人单位不仅会看你的简历，面试中，你的简历是面试官提问的重要基础。在你写研究经历或项目经历的时候，也是在引导面试官提什么样的问题。你一定要清楚，关于这个研究课题或实习项目的下列内容。

如何用一句话（要用易于理解的语言，不是充满技术名词和行业习语的语言）概括，这个课题是做什么的？

如何用几句话稍稍介绍一下课题信息？

课题中出现的各个技术名词，如何用非技术性的语言介绍清楚？

这个课题的意义是什么？为什么要做？

这个课题的新意在哪里？和之前的工作相比，你们的工作为何更好？

谈谈这个课题的细节，比如有哪些步骤，用了哪些技术？

这个课题中，你的贡献是什么？合作者的贡献是什么？

这个课题完成后，后续还可以做些什么？

显然，这些问题不是面试前临时抱佛脚就可以准备好的。如果对写入简历的课题或项目不了解，即使"背"了答案，面试官稍稍换个问法或者拓展追问一下，你可能就会露馅。能回答好这些问题的同学，功夫一定都做在平时，也就是做课题的时候。

对于认真参与了项目或课题的同学来说，通常可以很好地回答项目或课题的细节、步骤、技术以及自己的贡献（如果这些都说不清楚，这个项目或课题写入简历就是"负分"了）。但是其他更深层次的问题，同学可能回答不上。这时，面试官可能会认为，这个同学只是做了老师让做的，这个工作如果重要的话，也只是同学运气好，碰上了位好老师。所以，要回答好这些问题，做工作的时候，还应该和老师、师兄、师姐了解一下[64]这个工作的意义，以及来龙去脉。

研究经验通常写两三条，就已经不错了。如果有四五项研究经验，与其全部详细地列出来，不如详写两三条自己最满意的，然后再加上一两行，我也做过 XXX、XXX，一笔带过。这样，一是简历好读，二是在面试的时候，面试官通常会问你详写的经历。这样就把话题引到了对你有利的方向。

如果做过学术报告[65]，或者参加过暑期学校之类，都可以写到简历的学术活动（Academic Activities）里面。如果参加过大学生创业竞赛、数学建模竞赛等，可以写到简历的竞赛经历中。

学术活动：
学术报告："题目"，大学名称，日期
参加暑期学校："题目"，地点，日期

这里我想顺便提一下，简历一定要详略得当。有些同学的简历上，把学术报告的具体时间，在哪个教室，都写得一清二楚，像报告通知一样。用人单位会因为你在上午做报告，而不是下午，便不录取你吗？用人单位

---

64 用比较礼貌和积极的方式。有个别学生整天和老师辩论某个课题没有意义。这种同学也会让人头疼。

65 是你做的报告，不是听的报告。

会因为你在 204 教室做报告，而不是 304 教室，便不录取你吗？如果不会的话，就去掉这些无效信息，这样才能突出有用的信息。

如果发表过学术论文，在简历中可以增加一个论文发表（Publication List）部分。

论文发表：
文章标题，全部作者，刊物名，日期

即使你在研究经历里写了发表的论文，像这种重要信息再提一遍也是有用处的。

如果有的论文尚未发表，但是在预印本网站已经可以下载了，也非常值得写在简历里。只是，要和正式发表的论文有所区分，注明"预印本"，以体现严谨。如果作者不太多，例如少于十个，则应该列出全部作者。如果你是共同一作[66]之类，也值得列出。

如果已有论文草稿，但是还没有发表，也没有放到预印本网站上，也可以写上，注明"草稿"。如果不是保密项目，并且已明确征得老师允许（老师不允许也是正常的），可以放一个论文草稿的下载链接在简历上（比如容易输入的那种短网址）。之前，我辅导过的一位同学，准备简历时，论文还在修改，没有达到发表标准。我就建议她放一个论文草稿文件链接在简历上。但是，同一个链接打开的文件是可以换的，随时更新。因为简历被看到也需要一段时间。当这位同学的简历被看到的时候，面试官可能看到的是更完善的论文版本，甚至直接是发表的版本了。这是合理利用规则的一个小例子[67]。

---

66 虽然我个人认为，"共同一作"实在是个怪现象，但是对求职个人而言，有个共同一作总比没有好。

67 有趣的是，近年来香港研究资助委员会开始禁止在科研经费申请的简历中放链接，不知是不是为了堵住类似的漏洞。但只要没有明文禁止放链接，简历中还是可以放的。

如果有些值得称道的课外活动（Extra-Curricular），也可以写在简历里，例如：

课外活动：

2001 校辩论赛，亚军

2002 全国大专辩论赛，替补队员

2002—2003 荒原文学社，副社长

如果你在大学已经得了些奖。获奖情况（Awards）也是简历中的亮点。如果考了一些证书，不希望另立一个类别[68]，也可以合写为"奖项证书"。

获奖情况：

奖项，等级，年份

大学生最常获的奖是校方评的各种奖学金，以及少数几种大学生竞赛的奖项。有这些奖项当然好，但是如果成绩不是很突出，没有获得这些奖项，那么大学期间可以考虑参加一些别的有奖比赛，比如影响力不那么大的地方性比赛[69]。在简历里写上小奖项也可以为简历增色。

另外，有些奖是很难获得的。你知道它很难获得，但可能看简历的人并不知道。对这样的奖，可以在简历中加以注明在什么范围内，选拔多少人。比如宝钢奖学金，每年在全国所有毕业生中选拔五百人，如果得到，是非常值得称道的事情。但是，当你申请海外的深造机会，看你简历的人很可能不知道什么是宝钢奖学金，如果不在简历上注明，可能就会失去表现自己的一个重要机会。

---

68 另立一个类别可能只有孤零零的一两个条目，孤单，显少，不好看。

69 但希望不是要花钱买奖的"比赛"，因为它们可能已经或即将臭名昭著，参加这些比赛并写入简历反而会降低简历的含金量。

接下来，可以列一下自己有哪些技能（Skills）。

职业技能：

熟练掌握 Mathematica

掌握 C、C++、Fortran、Python、LISP 编程、Linux 工具链，自动化测试框架，Git 版本控制软件

最后，求职简历还常常包括"自我评价"，概括自己的优点，而学术简历通常不包含自我评价部分。

注意，简历风格无论简单还是新颖，各个部分的格式务必统一，要严谨，避免出现错词、错字等低级错误。写完简历可以请同学朋友帮忙检查一下，简历中的低级错误会给人很差的第一印象。

写简历或其他申请材料时，经常会遇到一个选择，就是写得更"出挑"一些还是更"平稳"一些。这里，我的建议是因工作而异。如果你获得这份工作的概率较大，得不到会感觉可惜，则简历建议写得相对平稳一些，因为"出挑"的简历也会有相应的风险，比如读简历的人不喜欢这样的风格等。如果你觉得获得这份工作的概率不大，想"搏"一下，那么不妨积极进取，把简历写得"出挑"一些。这背后体现了概率论中先验概率、后验概率的原理：大概率事件，做得稳妥些；小概率事件，特立独行地拼搏一下。

看到这里，相信你对如何写简历已经有了一定了解。我再次强调，这里的重点不是如何写简历，而是在大学生活中，你如何获得能够写进简历的那些经历——也就是本节的标题"如何建造你的简历"。当你不知道要不要花时间做一件事情的时候，如果不知道怎么做决定，不妨考虑一下，这件事情是否值得写到简历里面，如果值得写，就可以考虑去做。一份充实的简历，值得用大学的宝贵时光去努力"建造"。

第二节　如何有效沟通？

无论学术界还是业界，有效沟通是绝大多数人事业成功的基础。

之前我们也谈到了如何在尽量不打扰别人的情况下进行沟通，比如在老师上完课回办公室的路上和他聊一会儿。类似的情况也挺多的，比如路上见到聊一聊[70]，开完会稍许停留聊一下（这样就不用对方额外安排时间），看老师一个人在食堂吃饭，过来聊聊等。有尽量少打扰别人的意识，体现对他人时间的尊重，就更可能得到帮助。

除了非正式沟通之外，微信、邮件上稍正式的沟通，是另一种重要的沟通形式。这里列举几种稍正式的书面沟通中常出现的问题。

- 内容难回复。比如写了文章让老师改，文章要改的地方实在太多，让人想起来就头疼，或者问一大堆太简单的问题（这样的问题可能面谈为好）。这样让人不想做的事，难免被人拖着，沟通效率自然低。沟通内容的质量是沟通效率的基础。

- 不一次讲完。有些同学会先发个邮件试探性地提出某个问题的一部分。老师回了以后，同学再试探性地提出问题的下一部分。老师回了好多封邮件才搞清楚他要问什么。这种情况，建议同学组织一下语言，一次问完，达成有效沟通。别像落英神剑掌一样，八虚一实。发微信也是一样，先问"在吗"，对方回了以后又问"问个问题有时间吗"，然后再施展落英神剑掌。这种微信，尽管我知道同学并不是故意"调戏"我，实在令人不想回。我个人要是有事给长辈发微信，通常是："XX老师，您好！……有个问题请教一下……打扰您了，多谢！"先用编辑器编辑好，以免写到一半就误操作发送

---

70 路上碰到一个人，马上想到有什么事情要和这个人聊，而不是都告别了才一拍大腿想起来，也是一种重要的情景能力。据我观察，领导力强的人，普遍具有这种能力。

出去，写好后再复制粘贴到微信里，只用一条信息发送出去。

- 啰唆没重点。没话找话，扯一大堆，让人头疼（当面讨论更是这样）。如果沟通内容很多，建议理清逻辑，用1、2、3这种列举格式，每一项用总分结构，先用一句话概括，再具体讨论。这样可以让人一目了然。

- 写的邮件不礼貌。有些同学写邮件时喜欢用命令式的语气，比如please do……再比如没标题、没称呼、没落款。我相信这些同学不是故意的，只是不太清楚邮件，特别是英文邮件怎么写比较礼貌。虽然我理解同学们不是故意没礼貌，但从情感上，这些邮件会让人不想回复。如果老师和学生有文化差异，也可能产生更大的误解。

- 时间不合适。如果你要联系的人很讲究生活和工作的平衡，尽量不要在工作时间之外或者快下班的时间给对方发邮件。

- 像个复读机。对方确实可能因为种种原因没看邮件，但是这种可能性是很小的（被列入垃圾邮件的除外，见下一点）。有的同学一天没收到回复，就像闹钟一样天天发提醒邮件。这样得到回复的可能性更小。一周以后再礼貌地发个邮件提醒一下老师，或换个途径提醒一下会更合适。

- 像垃圾邮件。如果你的邮件像垃圾邮件，且被邮箱自动归入老师的垃圾邮件箱，可能就会被忽略了。这种情况个人很难控制，但是如果形式上专业一点，例如用学校邮箱或信誉较好的邮件服务、邮箱设置里写上个人真实姓名、采取醒目标题、避免使用过多超链接等，这样操作后你的邮件被判定为垃圾邮件的概率会小一些，就算被标为垃圾邮件，从标题和发件人来看也是正经邮件，这样也比较容易被老师人工捞回来。

最后，我见过很多同学，他们因为见到科学界、工业界、文艺界有一些性格古怪、狂狷之人，大受鼓舞，没有学人家的本事，先去学人家的性格。不管未来能不能有这些大人物之"命"，先得上了这些大人物之"病"，以情商为零为荣，以情商为负为傲。恕我直言，这样是不可取的。

确实有一些大人物性格古怪，或许大人物中性格古怪的比例要比平常人中的比例高一些，但是请看清楚因果关系：他们不是因为性格古怪而成为大人物的，而是因为他们是大人物，所以可以不收敛他们的性格，甚至被"惯"出了更多古怪的脾气[71]。如果他们的情商更高，可以更好地与人相处，对他们的事业而言只会更有利。只是他们已经到达的高度，让他们有资本不在乎这些而已。所以，情商在线，与人高效沟通仍是美德。古怪、狂狷的性格并不值得效仿。

第三节　如何做好一场演讲？

演讲是让听众了解你的重要手段，而听众中可能有对你很重要的人。比如，你在科研课题组的组会里讲的报告，会影响你在导师眼中的形象；你未来的导师如果想招你做学生、做博士后，可能也会请你先讲个报告。如果你想在高校谋求一个科研职位，必然要讲报告给未来的同事听。在业界，报告与演讲也有类似的重要性。因为多数人（比如你现在或未来的领导）的习惯就是不爱阅读材料，更爱听汇报。

这里，以学术演讲为例，从选材、演讲、工具三部分，谈谈如何做好一场演讲。

---

[71] 当然，还有些大人物的古怪故事是为了满足大众看古怪名人轶事的阅读需求，而被编造出来的。

-------------------------------------- 选材 --------------------------------------

听众是谁

知道听众是谁，才知道他们对什么有兴趣，才知道要讲什么，准备什么材料。

- 学生课堂报告、学位答辩：评委老师是大领域（例如，物理）的专家，但不一定熟悉小领域（如早期宇宙），所以要讲出自己的调研和工作在整个大领域中的意义。另外，这类报告的主要目的是让评委给你打个分，次要目的才是学点东西。评委老师可能听了一下午的报告已经头昏脑涨了。所以，不要用你工作中的各种细节折磨大家。只要把最关键的点及其科学意义讲清楚就好。如果能让老师觉得你还真学到了点知识，算是额外奖励。烦琐的技术细节，怎么从这个方程推导出那个方程之类，可以用几分钟时间非常简略地带过，目的是给人一个好印象："噢，原来背后做了这么多扎实的工作，不错不错"。

- 组会：听众背景跟前面类似，知识结构高度重叠，主要目的是学东西、沟通进展。大家都会的内容可以一句带过（不了解哪些内容属于大家都会的，先问问师兄师姐），更快进入大家不熟悉的内容，在研究领域别人做了什么，我们做了什么，怎么做的。组会报告值得把技术细节讲得非常详尽。

- 学术报告：分大同行、小同行报告来考虑准备什么材料。

  大同行报告：如大会特邀报告、Colloquium（学术讨论报告），着重介绍为什么要做这个工作，科学机制是什么，前沿做到了什么程度，前景如何。

小同行报告：如大会平行报告、小会报告、研讨会报告，给出干货满满的简介，让听报告的人以后想查这个方向的背景资料，就看你的报告 PPT。报告主题可以着重介绍工作的科学机制和（不算太细的）技术细节。

- 公众报告：这像是一个"带货"的报告。光把学术内容讲好不够，因为好多听众就算想认真听，坚持几分钟后也就想瞌睡了。具体带什么"货"，就因人而异了。带故事的、带笑话的、带文学的、带艺术的、带情怀的……总有一款适合你。"带货"与干货结合，让听众记住几个知识点，哪怕只是作为饭后的谈资，也算没有白讲。

少即是多

以前曾觉得，一部分不重要的内容，但却是自己花了好多功夫做的（比如走的弯路），报告的时候不讲，就亏了，白费了这么多功夫。但把这些不重要的内容全放进报告里，相当于给本来精干的报告塞了一大堆"垃圾"。

其实，用次要内容稀释了主线，才是亏了。

准备报告内容的时候要以结果为导向。报告的目的是让听众接受尽可能多的知识，而不是讲出尽可能多的知识。一场报告，如果最重要的几个点，甚至一个点，能够让听众印象深刻，就已经是成功的报告了。为了达到这个目的，我们要考虑的问题不是"还能往报告里再塞什么内容"，而是"这个报告在不影响主线的情况下还能去掉什么内容？"

由浅入深

如果听众没听懂报告结尾，听众只错过了结尾。

如果听众没听懂报告开头，听众就错过了整个报告。

另外，听众可能会迟到。

所以，开头部分讲得慢一点、简单一点。

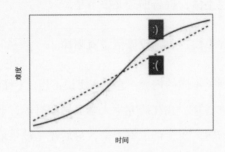

参考文献

讲到别人的工作成果时，在报告的 PPT 上应列出参考文献。这确实会影响 PPT 的美感。不过，我们应该遵循学术准则，尊重别人的工作。

启发思考的内容

无论专业报告还是公众报告，听众都会对启发思考的内容感兴趣。这些内容可以放在报告结尾。公众报告中，启发性内容可以是内行都知道的领域内的难题，但是要用易于理解的语言表达出来。专业报告讲出启发性的内容，则需要厚积薄发，对领域有较深的理解。

附录

在 PPT 致谢页之后，准备几张正常翻页翻不到的 PPT 页面作为附录（亦可使用 PPT 的隐藏幻灯片功能）。

不懂的不讲

为了体现报告内容的深度，可以让报告内容接近我们已掌握知识的上限，但是千万不要让报告内容接触我们已掌握知识的上限。

对报告中提到的任何一个点，如果有人问，一定要有所准备，做到可以解释几句。

- 重要的内容不懂：报告前务必搞清楚。

- 次要的内容不懂：要是没搞清楚就删掉。

- 万一被问到了不懂的内容：老老实实说不懂。不懂装懂不仅不诚实，也很容易被看穿。我在研究生入学面试的时候，老师问了我三道与学术有关的题，我全都没答上来，最后还是被录取了。事后问老师原因，老师说没答上来也比瞎掰强。

-- **演讲** --

兴奋

如果你对自己讲的内容不感兴趣，没有激情，别人也很难认同你所讲内容的价值。

建议看一看苹果手机 2007 年的发布会，看看乔布斯是怎么卖手机的。科研人员同样需要宣传自己的工作。（如果观众并不全是你的粉丝，请对别人以前的工作表示充分的尊重。）

清晰

重要的事情说三遍。

重要的事情说三遍。

重要的事情说三遍。

说三遍并不意味着简单地重复，可以从不同的角度说，让听众从不同角度相互印证。多花些功夫画示意图也很重要。

组织

把报告组织得井井有条很简单。报告开始的时候要放目录，如果能在每页 PPT 上都显示目录简略结构就更好了。但是，如何使报告有组织而不死板，则是需要费心思的。就好比没有哪个电影导演会先把每个部分的剧本标题放出来，然后字幕下面再加上电影剧本的简略结构。另外，报告（特别是公众报告）一开始，就把目录中的每项代表什么意思解释清楚，这点也很重要。

我个人常用的办法是，借鉴一些电影剪辑的方法，先播放一部分情节，再放字幕介绍演员，接着继续播放电影情节。在报告时，先讲简介部分，然后再给出报告总纲，再按纲目来讲。

练习

做报告前，建议至少练习一遍，不要坐在计算机前一边练习，一边改 PPT，而是要站着，用遥控器放 PPT，模拟现场讲报告的状态，并且要严格计时。练习重要报告时可邀请导师、朋友和同学参加并征求他们的意见。

可以考虑将练习报告的过程录下来，在看回放的时候留意还有哪些改进的空间。在聊"认识你自己"话题的时候，我们就讲过录像回放的重要性。

一些特殊的短报告，需要练习更多次。例如，大型会议上有时会安排学生、博士后做 5 分钟的简短报告。像这样的报告，建议前一天练习 10 遍。

10 遍听起来多，其实也只不过花了约一个小时的时间。

临场

- 牢记报告开头的几句话。这么做，一是可以安排一个出彩的开头，二是可以自然地进入报告状态。

- 如果怕忘词，带瓶水。喝水的时候慢慢想，没人知道你忘词了。

- 不要准备一个稿，逐字逐句背诵。记住每页 PPT 的要点（要点可以记录在 PPT 的笔记里面，报告的时候，在演讲者 PPT 的"视图"中可以看到。不过前提是尽量记住要点。），然后在演讲时把要点用自己的语言表达出来。口语化的语言，自然的（而非背稿的）语气、神态，对听众理解报告大有好处，自己也不会因为忘词而尴尬。

录像

如果会议不提供录像，可考虑让朋友帮忙录像。录像的目的不是发朋友圈，而是通过回看录像能发现很多自己意识不到的缺点，例如，拘谨的身体语言、多余的口头语、奇怪的口音等。只有意识到不足才可能改进。

-- **工具** --

投影仪

较正式的报告大多会事先准备 PPT，用投影仪播放后配合演讲。制作用投影仪播放的 PPT 的注意事项如下。

- 做 PPT 的技巧：

  花点时间学习 PPT 制作技术，包括插入、编辑图形、视频，基本动画制作，平滑切换等。

  培养艺术鉴赏力。推荐《美国纽约摄影学院摄影教材》这本书，对 PPT 设计帮助很大。

  先对内容有整体把控，再去设计每张 PPT。可以先在纸上写出大纲，也可以在每页 PPT 上先用一个文本框描述本页介绍要点，之后再做内容设计。

  用"新增节"的功能，让 PPT 组织良好、导航清晰。

  如无特殊需要，使用的字体（无衬线字体为佳）、字号（如 18 号、24 号）不超过两种。

  如无改变理由，每次做 PPT 时都用同样的长宽比、字体、字号，风格统一，以便今后复用。

- 准备个遥控器。（对于 PPT，计算机手写笔的按键也可以用作遥控器。如果投影屏幕小，不需要激光笔的话，也可以用手写笔指。）

- 播放 PPT 的时候用"演讲者视图"，熟悉迅速定位 PPT 页面、切换手写（如需要）等功能。

- 每页 PPT 不要放太多内容，如内容多，考虑以下拆分方式：

  每页 PPT 解释一个最小的知识单元 [72]。

---

[72] 这对应一个普遍的设计原则：每个单元"只做一件事并把它做好（Do one thing and do it well）"。

再用一页 PPT 将这些知识单元组合起来。

- 不要在 PPT 上把要讲的内容全写出来，再逐句读出来。因为这样无论是看 PPT 上文字内容的人，还是认真听你演讲的人的体验都会大打折扣。另外照本宣科也不容易让听众理解[73]。

- 不要讲得太快。用幻灯片讲的时候，特别容易讲快。在讲难理解的、关键的地方时，通过放慢语速、同义反复等方式，让听众更好地理解。另外，紧张也容易讲快。这需要通过练习来控制。

- 确保投影屏幕上能显示你想讲的内容。

  带些转换插头，例如你计算机的输出转 VGA、HDMI 等接口的转换插头。

  关掉投影屏幕上方的灯。

  不要在亮背景上用亮色或在暗背景上用暗色。你自己的屏幕上能看清不代表投影后能看清。

  如果不用自己的计算机展示 PPT 文件，应尽量避免使用非标准字体（或保存文件时选择将字体一起保存）。如果 PPT 没有使用特效功能，在别人的计算机上展示 PPT 时尽量用 PDF 格式。

- 关于动画、电影片段在 PPT 中的使用：

  不要使用只是为了炫酷的动画。

  对理解学术内容有帮助的动画，要让动画自然地与其他部分融为一

---

73 如果你实在紧张，怕现场讲不出来，可以把要说的话写在"演讲者视图"的批注里。讲的次数多了，可以逐渐试着离开批注这根"拐杖"。

体。对于 PPT 而言，动画有两类格式。

GIF 格式：会自动播放。播放次数由 GIF 文件内部指定。有时 GIF 文件的无限循环播放会让听众抓狂。建议改成播放一次或重要的 GIF 文件播三次。例如，使用 gifsicle 工具：gifsicle --loopcount=3 input.gif > output.gif。自制 GIF 文件，除使用专用工具外，还可使用 Mathematica Export 命令，将一个元素为图片的 list 输出为 GIF 扩展名的文件即可。

电影格式：设置自动播放，播放后隐藏或自动翻页。不要在报告途中跑到计算机前用鼠标播放电影。不要直接嵌入在线视频，尽管 PPT 的确有此功能，因为没人能保证演讲时你的设备的网络连接速度足以播放在线视频。

- 话筒。我一般首选手持式话筒，次选夹在领子上的话筒，最后选固定话筒。首选手持式话筒的原因是，做报告时用一只手传递身体语言和使用遥控笔就足够了，另一只手拿个话筒看起来很自然。另外，手持话筒距离可控、音量可控。尽量不选固定话筒的原因是，做报告时应离屏幕近一点，而不是离计算机更近，这样方便听众的目光在你和投影屏幕之间切换。

黑板（或白板）

黑板（或白板）报告通常适用于理论科学领域，小型的、技术性的报告，便于让听众掌握技术细节。做这类报告的注意事项如下。

- 首先要确定有黑板（或白板）。我的同事告诉我，他有一次在一个酒店给暑期学校的学生上课。事先问了主办方确认有白板。到现场才发现白板的大小只够在上面写一个 $E=mc^2$。最后，别人都在沙滩晒太阳，他一个人通宵准备 PPT。

- 打开黑板上方的灯。

- 报告开始前，在黑板上写下标题、合作者名字、参考文献和内容提要。

- 写下报告每一小节的标题和重要内容。

- 在黑板上按顺序书写（除非有更好的页面设计），而不是恰好站在哪儿就写在哪儿。

- 擦一块黑板的时候想一下上面的板书是不是后面不会再用了，如果要用，暂时保留。

- 如果坐在最后排的听众看不到黑板下沿的话，不要在黑板最下方写字。

- 写完字，换个站的位置。确保各个角度的听众都能看到字。

第四节　什么是PUA？如何不被PUA伤害？

近年来，围绕 PUA 经常引发讨论热潮。那么，什么是 PUA 呢？

由于现在 PUA 现象讨论之广，学生与科研导师、员工与职场老板之间关系不如意，经常就被归因为 PUA。所以，我们实在很难严格定义 PUA。

在本节，我们将 PUA 行为界定为：在不对等的社会关系中，老板通过打击员工的自信，以控制员工的行为。在这个过程中，员工的心理也往往产生变化，变得依赖老板，由于缺乏自信、认知被扭曲，而更难走出被打击和操纵的怪圈。当然，这里的老板和员工的关系，可以是职场的老板与雇员，也可以是学术上的导师与学生，甚至是恋爱中的强势一方和弱势一方[74]。

由于不同人对 PUA 的理解和定义不同，致使很多情况都被归为 PUA。我们这里讨论的 PUA，可能极其轻微（与完全平等的健康关系差别不大），也可能极其严重（严重影响员工的心理健康和个人发展）。我觉得，把轻微 PUA 和严重 PUA 放到一起讨论，有助于看清这种现象，让我们对 PUA 或类似现象，有个完整的、而并不是非黑即白的、脸谱式的认识。这也有助于我们在不对等的社会关系中，不走极端，而是掌握好一个"度"。

我们必须认识到 PUA 的事实基础：不对等的社会关系是广泛存在的。职场的老板与雇员，学术上的导师与学生，在地位上的确不对等。当然，我希望老板和导师更自律，能平等待人；也希望雇员和学生更自信，在心理上把自己放到平等的地位。但是，我们不能把现实建立在美好的希望上，"存在不对等的社会关系"是我们目前需要接受的现实。

在这种不对等的社会关系中，老板为什么能打击到员工的自信？以我的所见所感，觉得可以分为三种情况（以及它们的组合）。

第一，老板的能力极强。老板的能力（能力强的人经常也有些个性），本身就造成了对一些员工自信的打击。这种情况应当不算是老板的错误，最多是老板不懂如何更有亲和力地与员工交流，或者老板与员工性格不适配。

与这种老板共事，往往折磨人，但是更锻炼人，能让员工的能力和心理都快速变得强大。对于有理想、抱负并内心强大的员工而言，只要调整与老板相处的方式，以及做好自己的心理建设，那么，这样的老板，事实

---

74 其实这才是 PUA（Pick-up Artist）本来的意思。不过本书中我们主要讨论职场和学术界的 PUA。

上是难得的。尼采说："那不能杀死我的，使我更强。"

第二，老板能力一般，以打击员工自信的方式，来显示自己的权威。据我观察，这种情况最常见。老板能力不足又要树立权威，往往是虚荣心使然的无意为之[75]，但这样会扭曲员工的认知，造成 PUA 的结果。甚至，我们可以把这种 PUA 再推广一下：在大学教学当中，其实经常有"故意把简单的东西教难"的现象，以树立教材或导师的权威，给学生"这门课很难，老师很厉害"的扭曲认知，影响了学生的学习甚至心理。广而言之，这也算 PUA 的一种体现。

对于这种能力一般、却要树立权威的老板造成的 PUA，如果现实情况允许，还是远离这样的老板为好。找个能力更强的老板，不论是学东西还是未来发展，都是更好的。但现实中，换导师不容易，企业界跳槽也需要找时机，找到能力更强的老板更是可遇而不可求的事，所以现实中未必能摆脱能力一般却爱 PUA 的老板。

如果一时摆脱不了，对这样的老板，看穿看透，各取所需即可。要看穿看透，需要提高自己的实力，才能辨别老板到底是"假装厉害"还是"真厉害"。只要看穿老板能力的"皇帝的新衣"，老板再贬低自己，最多感觉很讨厌，要忍[76]，但是自己不会因老板的打击变得自我怀疑、丧失自信、

---

75 作为研究生导师，我自己也常常反省，是不是由于虚荣，会造成 PUA 学生的结果。实事求是和虚荣之间，没有绝对的鸿沟，一旦不查，很容易从实事求是缓慢滑向虚荣。比如，学术讨论中，出现观点分歧，可能学生是对的（这一点在讨论中无法确知，这也是实事求是和虚荣在实践中难以明确区别的原因），但导师如果过度捍卫自己的观点，例如，提出一些故作高深的观点，糊弄学生，这就可能会事实上造成 PUA 学生的结果。这是导师或老板非常容易犯的错误，我觉得，也是每一个有追求的导师或老板需要反省的地方。

76 这种"要忍"，也是不愉快的体验，但是它与 PUA 不同。与 PUA 造成的认知被改变、心理被扭曲、陷入 PUA 走不出来相比，"要忍"造成的损害一般要小一些。现实是，世界上总有让人不得不忍的事。但是，只要不让这些事扭曲自己，不被摧毁自信，则不难找到自己的内心与世界之间的平衡。

认知混乱,也就不会被 PUA 了。

第三,老板是心理控制高手,有意地使用 PUA 的方式控制员工。遇到这种情况,还是尽快分开为好。如何分辨这种情况[77]?除了靠自己的社会经验以外,也可以和远离这个圈子的、没有利益关系的朋友交流一下,旁观者清,看看朋友作为局外人的看法。如果朋友的社会经验丰富,就更好了。另外,在墨子沙龙的"唠嗑实验室"访谈中,企业家黄㻏给出了一个很好的标准:你看老板评价你的话,能不能拿到外面公开说,还是只能跟你说。如果这些话都是不能公开讲的,里一套外一套,那么就要小心了。

除了"打击你的自信"之外,老板 PUA 的目的、要达成的结果,也是需要仔细分辨的:老板要的是什么?是老板的私利,还是对老板和员工都好的共同利益,或是出于对员工利益的维护?如果是出于对员工利益的维护[78],那么我觉得这种应该算不上 PUA,并且就算造成你的不适,可能是老板无意为之的,尽量想办法适应或自我调节。如果是老板和员工的共同利益,可以看透看穿,各取所需。如果是老板的私利,则尽快离开。

如果你想进一步做好心理建设,避免 PUA 带来的伤害,可以了解一下"沉没成本""认知失调""煤气灯效应"等概念。人的心理常常是不理性的,这种不理性,往往会放大世界带给我们的伤害。当我们可能因心理的不理性被利用时,理性可以为我们提供摆脱困境的方法。

---

77 这种心理控制,可能是老板有意的,也可能是老板出于为人处世的经验,直觉地这样做。这种心理控制和"能力一般,树立权威"的方式也无法截然区分,是连续过渡的。

78 当然,要看事情的结果,做个客观的判断。当你怀疑老板在 PUA 的时候,不能从老板给你描绘的蓝图或画出来的"饼"中判断事情的走向。

第五章　无心插柳：寄当下以致远

本章导读

我鼓励各位同学让大学生活尽可能多姿多彩。你在大学播下种子，或许只因那一刻太美。而多年后，蓦然回首，当年的无心插柳，而今柳已成荫。

大学有太多太多的可能性。在最好的年纪与最好的人相遇，互放最耀眼的光芒。本书并不是大学课外活动指南，而是作者以有限的知识，以及所闻所见，通过例子展示一些大学期间的课外活动，以及这些课外活动是如何成为一个人前进的助力。

第一节　你好！对方辩友

我上大一、大二时，花在辩论赛上的时间几乎和学习时间一样多。一开始报名辩论赛，只是为了好玩。之后因喜欢辩论而入迷，在大一、大二期间为之花了大量时间。从大三一直到博士毕业，也断断续续做辩论赛教练、主持人、评委的工作，曾写过回忆录《我那辩论的八年》。如今，在香港工作，我依旧以做了一些香港地区辩论赛评委为荣。

　　我在辩论场上打四辩，主要负责总结陈词。投身辩论赛时，我专注于辩题、技巧、场上效果，专注于如何赢下比赛，根本没有去想辩论赛的经历对未来有什么"用"。如今回头看，辩论可谓"全身都是宝"。辩论可以锻炼语言表达能力和团队协作能力自不必说，辩论还给我带来了很多方面的提升。

辩论与思考：在立论中求深入

　　"在那以前，要多想。"

　　辩论的基础，在立论。有了立论这个如何论证己方论点的基础，一个人才知道应该从哪个出发点讲话，一个团队也才知道怎么不彼此矛盾，而让各个环节及每个人的发言，交织融汇成支持己方观点的自洽的整体。

　　立论，需要在辩题两端反复横跳，强化己方论点，攻击对方论点。这种辩证的思考，是哲学的思维方式。

　　立论，关系到如何在合理范围内，把概念界定得对自己有利。严谨地界定概念，再用概念来思考。用概念来思考，是数学的思维方式。

　　立论，关系到如何论证辩题，如何从立论设计攻辩、自由辩论的问题，如何设计总结陈词。从一个原理生发出来，用第一原理来思考，是物理的思维方式。

　　立论，不是一个人的事情，需要一个团队时而分散，在寂静中冥想；时而汇聚，在争论中碰撞。从独立思考到集思广益，这是一个团队互相学习，分享彼此智慧的过程。

　　所以，立论是个综合的过程，综合了各种思维方式，并且强迫人想得深，想得全。想得越深，立论越扎实；想得越全，立论越稳健。这是对参与者思维方式的立体式的锻炼。

辩论与立身：君子有所为，有所不为，有所必为。

对辩题的立论，决定了辩手在赛场上说什么话。冠军辩手路一鸣曾经说过："这赛场，就是你我的人生。"辩手的习惯，让我对人生，至少对当下这一阶段的人生，也立一个"论"。辩手的立论，在赛场是立论，于人生就是立身。

所谓君子，有所为，有所不为，有所必为。其间取舍，就是人生的立论、人生的原则。有了原则，自洽了，就会减少内耗[79]，专注于做事。有了原则，自洽了，就不会时常自己反对自己，就可以减少言行不一，做事情时不再推磨转圈，一以贯之，少走弯路。

辩论，跳出盒子思考

所谓"出奇制胜"。辩论中，如果能立一个对手预料不到的"论"，往往能打对手一个措手不及。《孙子兵法》中说："以正合，以奇胜。"如果能比对方多想出一个点，也能在僵持中破敌深入。无论是奇特的，还是额外的论点，都是神来之笔，迫使人跳出惯性思维、思维定式的"盒子"来思考。这种从辩论立论中养成的"跳出盒子思考"（think out of the box）的习惯，很自然地会迁移到各种创新性活动之中，让人受益终身。

辩论，让人不极端

作为比赛，辩手在辩论场上所持的观点未必是辩手内心真正支持的观

---

79 你可能会问，为人生立论，不就是个内耗的过程吗？其实，一个成熟的辩论队，不会在立论上消耗太多时间。一个辩手也应该知道，当一个立论基本完整，就要继续维护它，让这个立论伴随我们走过一段人生。

点，但是辩手仍然要为这个观点辩护[80]。所以，一个辩题只要不过于偏激，辩手总会为每一方找到辩护理由。

甚至，在有些富有挑战性的辩论赛中（往往是决赛），辩手需同时准备正反双方的材料，在上场前临时抽签决定正反方。这更要求辩手能瞬间转换自己的立场。

即使是选定了辩题的正方或反方，辩手仍然要预判，站在对手的立场，对手会怎么攻击自己？

这种换位思考的习惯，使我在生活中，在无关大节的问题上，往往不持先入为主的观点，不做一个极端的人。因为我会把有争论的事情当成一个辩题，即使这个辩题不是完全不偏不倚的（辩论场上也难找到这样的辩题），只要有可辩之处，我就不会太极端地只持其中一方观点。

网络时代，由于对立和争吵容易产生流量，难免有"网红"为流量而刻意引起对立和争吵，激化矛盾，唯恐天下不乱。带着辩手的思考，让辩论的攻防在心中时刻转换，你就不会用极端的观点看问题。这样，个人可以从无意义的两极争论中脱身，社会也可以减少不必要的矛盾。

辩论，让人不争论

凡事好与人争论，只是辩论的初级阶段。当你辩论多了，就可以避免与人做很多无意义的争论。

一方面，前面讲到了，在无关大节的问题上不坚持极端的观点，就没有那么多争论的缘由。

另一方面，作为一个辩手，我心中很清楚，在争论中，哪些成分是有

---

80 这让人觉得有点虚伪，有点口心不一，但把辩论看成一场游戏或比赛就好。

利于"真理越辩越明"的坦诚互动；又有哪些成分，是不利于"真理越辩越明"的"辩论技巧"。在辩论场上，为了赢，有时我们会偷换点概念，会顾左右而言他，会把水搅浑。我们也会警觉地抓住对方的类似做法加以抨击。所以，在辩论场下，我们也可以有意识地不用这些辩论技巧。如果想讨论清楚问题，却总在使用辩论技巧，只会让讨论走向远离本质的方向。如果我们可以有效地交换意见，那么对于问题的讨论往往可以进展得很快，也会很愉快地结束，而不会终结于无法完结的争论。同时，如果对方的目的不是搞清楚问题，而是"赢"，为此故意搅浑水，辩手也很容易察觉。如果对方只是为了捍卫"一年只有三季"，辩手也会像庄子和孔子一样，知道"夏虫不可以语冰"，就不再与其浪费时间了。

辩论与逻辑：在打脸中练逻辑

我觉得，一生中最难得的朋友，就是眼光好、看得准，又愿意直言不讳地指出你错误的朋友。有这样的朋友，人生可以少走很多弯路。

但是，现实生活中，这样的朋友少之又少。高质量人类本就稀有，更重要的原因是，人们在交往过程中往往过度顾及对方的面子和感受，担心对方的心胸和度量，而不直接指出对方的错误。我当真希望，也努力践行，让人与人之间的交往更简单直接一些，但是现实并不容易改变。

辩论，给人一个难得的机会，让对方辩友可以不顾及你的面子和感受尽情批评你。这种稍犯错误便会当即被打脸的场合，对人思维的全面性、逻辑性和深入性，是难得的锻造。

辩论的锻炼也使我养成了一种与众不同的文风：在文中加入大量括号内注释与页下脚注。这些注释与脚注是我在写书的单线思维与人的发散思维之间找到的平衡点，另外，一个正常的句子也难免有逻辑漏洞，我作为辩手，常有化身为杠精，站到自己的对立面来攻击行文漏洞的强迫症。如果给每个句子打很多补丁，加强到无懈可击，这样修补出来的长难句往往让人没兴趣读下去。这也是我常加注释与脚注的一个原因。

辩论与写作：在压力下学写作

我研究的理论物理可谓纯理科。但是我的一大核心技能，帮助我在理论物理研究中节省了大量时间，还可以用一定时间做个"斜杠青年（中年）"。这个核心技能就是，"码字"快。无论是要写论文、写基金申请、写总结，还是写科普文章、写脚本、写书，只要已经"有料"，我通常可以每天输出万字并保证质量。和一些不擅写作的理科同行没词硬挤相比，自然节省了很多时间。

从小学开始学语文，一直到高考，我的作文并不出众。因为当时的"策略"是能拿到"一等文"就够了。没有想过或者去花时间考虑如何提高写作水平。

但在辩论场上则完全不同。把道理讲清楚，让观众能共情，都是上不封顶的事情。每讲清楚一分，每讲精彩一分，获胜的可能就多一分。并且，那么多优秀的四辩，无论打对台，还是做队友，他们的文风也都深刻地启发着我。于是，相对我个人而言，从小学到高中，上了那么多节语文课，我学语文都没有开窍，只是在积累；而在没有语文课的大学，我学语文开窍了，知道作文如何能写得更好了。

不仅更好，而且更快。因为拿到辩题，除掉立论时间、和队友吃喝玩乐的时间，留给四辩上场前写辩词的时间很少。而场上形势瞬息万变，四辩又要在场上随时调整，组织新内容，甚至抛弃已经准备好的内容，在意料不到的形势下进行一个即兴的总结陈词。这对四辩迅速组织思路，迅速写出内容的能力提出了极高的要求。现在，我在各种写作中省下的时间这个"果"，正是辩论时种下的种子结出来的。

虽然我在辩论中花的时间不少于修习一两个学期的课程，但是辩论给我的回报，比修习一两个学期的课程更多。

看到重点，持续发展

其实，当我做辩手时，前文所述的很多要求，我都做不到。我本就是一个不善言辞的人，被幸运地投射到了辩手的位置上。有时甚至在辩论场上，我都可能突然觉得自己被抽离出来，突然不想说话，突然觉得"人与人的悲欢并不相通，我只觉得他们吵闹"。我自认并不是一个成功的辩手。

但是，在此后的学习、工作、生活中，像辩手一样高标准要求自己的习惯，一直伴随着我。让辩论的思维方式和要求，促使我进步。辩论如此，或许其他课外活动，甚至除课外活动之外的经历也是如此。即便你已经远离它，它留下的财富依旧伴随你。

第二节 从文学到性情

生活，常平淡而琐碎。如埋头在这平淡琐碎之中，则难看得远，脚下的路往往会曲曲折折，渐行渐远于诗和远方。

但文学，带人远离这平淡琐碎的生活。当你打开一本书，你就走进了另一个人生。当你在书中"过完"另一个人的一生之后，自己的精神也能得到重铸，眼光能放长远，人生路也走得更远。

我在大学对文学有一点追求，也做过文学社副社长。在文学作品中，我更喜欢看小说，爱看的小说并不是大家喜欢谈论的特别高雅的严肃小说，而是武侠小说和科幻小说。

一部科幻小说，往往基于一种可能性，创造了一个世界。阅读科幻小说，就像在不同的世界中穿梭，看到未曾想象过的世界。这份精彩，吸引了无数科幻迷。

我们的日常生活，往往无法触及很深远的概念，例如宇宙，例如人类。当我们意识到要为我们的下一代留出生存空间，已经可以算目光长远了。但科幻小说，能暂许我们的想象脱离这一代、下一代，让我们可以谈论人类的终极命运、宇宙的终极未来。从这些命运与未来中，读者会觉察一些超越自己人生的警醒和责任。无论它们是虚幻的，还是有那么一点点真实，都会给人生带来更多可能。

喜好武侠小说，更是个大众化的爱好。"飞雪连天射白鹿，笑书神侠倚碧鸳"的金庸宇宙，已经成为我们文化的一部分。武侠小说，往往可以用比写实的文学作品更直接的方式，把人性置于严酷的考验之中。人性往往经不起考验，而那经得起考验的，便担得起一个"侠"字。我实在感谢武侠小说，影响了我的心之所向，让我更明确该做个怎样的人：当岁月静好，就做个古龙式的侠客，辐射些正能量给身边的人；当风起云涌，就做个金庸式的侠客，为国为民，侠之大者。

第三节　闲暇

给大家推荐的最后一个业余爱好，就是闲暇。这里的闲暇，不是闲着没事，看看短视频、看看朋友圈、玩玩游戏，而是真正的闲暇，放空大脑，吃饱没事干的那种闲暇。

你可能会问，"你是吃饱撑的吧？建议我们忙碌的人生加入'吃饱没事干'式的闲暇？"请容我解释。

所谓"百尺竿头，更进一步"，我们往往在到达较高的境界后，会遇到困难，在难以突破之处期望能有突破，达到另一层境界。

这里，追求较高境界，到达"百尺竿头"的过程，往往是个有明确方向的"赛道"。其"成功"在于努力工作，在于忙碌。

但是，人生中的某些状态，有时就像一层境界几乎完满了，如果没有突破，凭简单的重复努力，难以达到下一层境界。

比如，我高二时参加高考模拟考试，成绩已经不错了，但整个高三，虽努力，却不得法，导致成绩几乎没有提高。比如，我读研时有段时间找到了做研究的感觉，可以每个月完成一篇科研论文，但是当这样的每月完成一篇论文的情况重复十次，就变成了无意义的重复，我亟须寻求水平上的提高。比如，在任何人的研究工作中，都可能会出现"卡住"的现象，一开始工作进度很快，但是到某个难点，就不知怎么继续，研究变得寸步难行了。

这些困难，往往不是简单靠努力就能解决的，因为不知该往哪个方向努力了。这时，如有机遇得到"高人"的指点[81]，在外力的帮助下可能得以突破。除此之外，如果靠自己来解决，那么突破的契机，往往在于闲暇时，从忙碌中退出一步，将情况看清楚，在脑海里慢慢加工消化，从而找到突破的方向。如果生活中始终只有忙碌，无法"退一步"，或许就没机会找到出路了。

有的朋友推荐"自省""冥想"等方法，我对此没有经验，但从表现

---

81 当然，高人说的话不一定对，也不一定适合你，并且即使高人说的话对，这种"卡住"的情况，也往往需要自己猛然醒悟，真正把高人的话听进去，而不是简单听话。

上来看，这些似乎是一种刻意安排的闲暇手段。我并没有这样专业的闲暇手段，但是在忙碌之余，有时"吃饱没事干"，看看海，在办公室发发呆，到处走走；的确给了我很多"退一步，再更快前进"的灵感。

为了让这些灵感能与你相遇，我也再一次建议大家，不要手机不离手（我也有这毛病[82]，也在努力克服），不要让手机填充自己所有的休闲时间。给自己一些属于自己的，而不是属于手机的闲暇。

---

82 多年前，当智能手机刚刚开始方便邮件处理、文档阅读的时候，我觉得："太好了，终于可以借助手机来充分利用自己的空闲时间了。"结果，回头来看，至少对我而言，用手机填充自己的空闲时间弊大于利。

第六章　走向社会：汇百川终入海

本章导读

"想当科学家"可能是同学们小的时候最普遍的理想。或许现在，当科学家的理想在小朋友中不再那么普遍，但是，"想当科学家"的人，依然比从事科研工作的实际人数多得多。而更多的工作，有价值的工作，可能在同学们建立理想时，根本闻所未闻。

未来，同学们从各个大学毕业，只有少数人会一直走学术道路[83]，而更多同学，在大学毕业或者研究生毕业，就像江河入海一样，将汇入社会的海洋。都说社会也是一所大学，既宽进，又不严出，学到的或许还更多。我们如何为进入社会这所大学做准备？

第一节　学位越高越好吗？

小学、中学、大学本科，可能还有硕士、博士，以前说"十年寒窗"，

---

83 即便我的母校、学术氛围十分浓厚、号称"千生一院士"的中国科学技术大学，毕业后最终搞学术的同学同样也是少数。

给人感觉已经很长。但是现在，我们可能会在学校读二十多年的书。

书读多了，自然有好处，但也会形成一种思维惯性，就是只往读书的地方去发展。读完大学本科，就自然地想着读硕士。读完硕士，就自然地想着读博士。读完博士还会考虑博士后。虽然博士后不算学位，一般叫"做"博士后，不叫"读"博士后，但是很多人常有一种感觉，好像学习好的同学，就是应该这样一路学习下去，直至留在大学里。

我就是这样一路学过来的。不过，这与我以科研与教学为主的工作特点有关。我的工作是发展知识和传播知识，所以才这样一路学过来。

同学们在上学的时候，接触最多的人是老师、同学。于是，同学们可能更多地看到了像我这样的老师的工作，而没有看到社会上各种其他工作、各种其他机会。所谓"学以致用"，世界上绝大多数工作，是使用这些知识，去创造更大的价值。对很多同学而言，学以致用也会让自己得到更多的自我实现。只不过，同学们如果一直埋头苦读，没有看到更大的世界，那也就没法看到除老师这个工作以外的其他机会了。

所以，读书虽好，"全职"读书的时间，应当有个最佳的长度。太长、太短都不合适。这个最佳的长度是多少呢？

一般而言，读到大学是必要的。大学为同学们提供专业教育和全人教育。其专业教育的部分，即使未来想转专业，也会得益于在大学的训练，让自己已经有一技之长；而全人教育部分（有些理工科大学对此重视不够，其实应该加强），会为同学们未来的人生提供精神力量。特别是在顶尖大学中，与学术大师的交流，对人全面提升的作用往往比书本知识大得多。

但是，大学之上，是否读研，不同专业间有着巨大差别。是否读研，同学们可能更多受班主任、指导教师、师兄师姐、周围同学的影响。这些影响会有一定道理，读研不会是太差的选择。但是，读研对自己而言是否是最佳选择，是否最适合自己，还需要自行权衡。

如何权衡？不妨看看更广大的世界，再看看自己。

看更广大的世界：查一查未来想从事的领域，其中较年轻的领军人物，是什么样的学历。这里说"较年轻"，是因为几十年前研究生极少，与现在情况不同。

其实，我自己也在"看更广大的世界"。我大学毕业以来，一直能看到同学、朋友的各种成功，但是毕竟自己认识的人里面，学理工科专业的居多，所以普遍学历也偏高。之后，在"更广大的世界"中，我才慢慢看到，事业成功的、为社会做出巨大贡献的各界人士，平均学历并没有我自己之前看到的那么高。有些行业，往往更需要在实践中学到的经验。

在实践经验更重要的工作中，往往会出现这样的现象：当你读了几年的研究生，发现自己的技能水平反而落后于工作了儿年的同学。自己学的"屠龙之技"，也没给自己提供更多的发展前景。

看自己：很多同学研究生阶段读得很痛苦。除了课题难度、与导师的互动性等因素外（下一章中，我们再仔细谈研究生阶段的学习，包括选导师的事情），很多同学痛苦的来源是，本来就"没想好"，选择读研是因为思维惯性和从众。

一方面，很多同学虽然觉得学习是"好"的，但本身并不喜欢学习。这样的同学，可以考虑尽早就业。另一方面，也有很多同学没有看到，研究生并不是一直学习，而是需要很快转换身份，开始做研究工作（尽管专业型硕士的研究要求相对不高，但也有科研任务）。如果不确定自己是否喜欢或擅长研究，最好本科阶段尽早体验一下科研（下一章中，我们将仔细介绍本科科研）。需要提醒同学们，如果自己本不适合读研，那么读研通常是痛苦的。

最后，我想强调，这里我们并不是说"读书无用"。相反，我提倡终身学习。我自己始终保持着找时间读各领域的好书的习惯，也建议大家一生中都保持这样的习惯。但是，"全职"学习是有年限的事情，不是说每个人都应读到博士（否则，就应该有比博士更高的学位了，比如"圣斗士"）。同学们最好从大一、大二就开始考虑这个问题，而不是等到考研和实习的时候再想。

第二节　实习：走向社会的第一步

实习，是很多同学从学校走向社会的第一步。把握良好的实习机会，对工作而言，是非常重要的"起点"。特别是，如果同学们希望跨专业就业，那么实习经历非常关键。

实习机会从哪里来？大学往往会为同学们提供实习方面的帮助。但是，既然同学们想走向社会，不妨自己主动地走出这一步。无论是为了从找实习机会的过程中得到锻炼，还是确实希望能找到更好的工作，同学们都应该尝试主动寻找实习机会。

比如，大家可以看看师兄师姐，或者周围较早开始实习的同学，他们是否找到了好的实习机会。如果他们有好的实习机会，是从哪里找的；如果师兄师姐的就业单位合适，看看他们那里有没有实习机会。

如果自己的学校就业氛围不太好，或者自己的专业与就业方向不吻合，导致自己周围的同学或者自己的师兄师姐没法帮忙推荐合适的实习机会。

那就需要自己更加主动地出击，抓住一切可能的机会了[84]。比如说，在领英等名片分享网站上，能看到很多同行业优秀的人。与他们联系，或许自己会有一个好机会。[85] 当然，在找实习机会的过程中，除了找人帮忙之外，自己的想法和技能更重要。如果自己有让对方感兴趣的技能，那么得到回复的概率就会更高。另外，如果自己的学校拿得出手，用学校的邮箱发邮件比用社会上开放注册的邮箱更可能得到回复。

参加学校科研的横向课题（项目）[86]，也可以看成是很好的实习机会。经常听同学抱怨导师总是让自己做横向课题（项目）[87]，因为横向课题（项目）往往看起来是不那么"科班"的科研，不是能写成论文的成果。对于希望走学术道路的同学，这些抱怨是有一定道理的[88]。但是，如果同学们未来希望去企业找工作，在横向课题（项目）里学到的，可能会比在发表论文中学到的多。

如果未来希望找跨专业的工作，那么除了在学校转专业外，找跨专业的实习，也是个很好的机会。相对比较简单的"跨"法是，找个和自己

---

84 越是自己主动出击，越不用担心"丢脸"，因为你在向日常学习、生活圈子之外的人求助，如果失败了，可能以后就再也见不到这个人，所以失败的成本很小。这往往和我们的直觉相反：我们的直觉经常让自己对熟人"窝里横"，而对陌生人更腼腆、小心。但其实应该反过来才对。当然，这并不是说我们对陌生人可以不讲道德、不负责任，我只是希望可以借此机会再次劝一劝内向的同学，没必要因"不好意思"放弃很多机会。

85 这种"无中生友"的方式，成功率的确并不高，需要多尝试。这和科研"套磁"类似，不能简单群发邮件，需要对对方有一定了解，写一封有针对性的真诚的邮件，才会提高成功率。

86 科研单位中，通常有所谓"纵向""横向"课题（项目）的区别。纵向课题（项目）是国家自然科学基金委员会等国家及地方单位为科研提供支持的课题。横向课题（项目）是与企业合作的科研课题（项目）。

87 这种抱怨也有原因，包括劳务费分配不公、让希望走学术道路的同学过多地接横向课题（项目）等，但如果难以改变，与其总是抱怨现实，不如从现实中寻找机会。

88 但是走学术道路的同学也要考虑到，自己未来可能也会接"横向课题（项目）"，经验总是有用的。

专业以及未来希望"跨"入的专业都有一定关系的实习岗位。这样，自己之前的学习和准备，能让自己较快融入实习工作。我也问过一些公司高管，除了一些非常专业的研发岗位外，他们对跨专业的接受程度比我想象的要高，对新人往往抱着"反正本专业的也得重新培训"的态度。他们更看重申请人的学习态度和学习能力，而不是大学具体学了些什么。

对很多内向的同学而言，找实习可能是"生平第一次我放下矜持"，可能非常困难，但是，仍强烈建议同学们试一试。可能有人会顾虑，掌握不好距离感，如果过于麻烦别人，会太冒犯。据我观察，有这样顾虑的人，往往都不需要担心这样的顾虑（从来没有这样顾虑的人，反而可能需要有点这样的顾虑）[89]。

实习过程中，应该学什么呢？

当然，首先是做好工作。你是认真来实习，还是来混个经历，领导和同事会看得很清楚。他们对你的看法，是否会引荐你，都会影响你未来找工作。

在做好工作的基础上，也要了解这项工作。了解工作的原理和技术细节。大学科班出身，相信同学们在这方面都已经很擅长。除此之外，需要注意，学校里学的，更多是理想情况，是"真空中的球形鸡"。但是现实中，限于成本、时间、团队合作、管理效率等因素，实际做法未必和学

---

89 举个有点极端的例子：我微信好友中的一位社交达人，有一天群发了一个消息，说他每天收到的"早晨好"图片等没有信息量的问候消息，至少一百条，为了及时回复和工作有关的信息，恳请大家群发纯问候消息时，把他从名单里移出去。内向的同学可以想一下，一个每天微信里收到一百条"早晨好"图片的人，如果你真有事请他帮忙，无论他能否帮忙，也不会因为你发一条消息感觉被冒犯。另外，内向的同学还可以这样想：当你多联系一些人时，联系失败，其实没有什么成本，就算他们感觉被打扰了（通常并不会，除非反复缠着同一个人去联系），对你也没多大坏处；联系成功，可能会得到让你受益一生的机会。最后，顺便指出，偶尔让别人帮点小忙，是有助于人际关系发展的，因为这起码是一种互动，并且别人以后也可能会找你帮忙。

校里学的一样。比如，假如你做程序员的工作，看看公司里要求怎么写程序，代码管理、代码规范和学校有什么不同？当然，并不是说每个公司做的都是对的。如果有不合理之处，这些不合理之处的根源在哪里？是纯粹技术问题，还是人事、管理、运营等不同团队之间相互妥协的结果？这些都是在课本上（至少理工科的专业教材上）学不到的。

在了解工作的基础上，要能把自己的工作讲好。未来找工作面试时，面试官往往会对你的实习经历感兴趣。很多同学能讲清楚实习时具体做什么事情，做事情的步骤、职责。但是，为什么做这些事情，如何把自己的工作放到更大的框架当中，实习工作的意义在哪里，很多同学讲不清。这里并不是提倡同学夸大其词，对有经验的面试官而言，很容易分辨出哪些是夸大其词，哪些是真本事。在实习中，我们要不断思考，了解工作的全貌，才能讲出有营养的内容。

另一方面，在了解工作的基础上，也需要了解这些工作为什么是企业需要的，怎样做才更有用，这样才能知道如何为企业提供价值。找工作时，"我能为企业做什么"比"我会什么"更直接让自己受益。这种观点的转变，可以体现在简历里[90]，也可以体现在面试里。

最后，但或许是最重要的，是通过实习，看到社会如何运行。我们在学校接受的教育，往往让我们可以顺利地成为一个"打工人"。但是，如何更进一步，成为卓越的领导者和行业的引领者，对多数人而言，是社会教给我们的。从实习开始，在未来的工作中，这都是值得学习、值得思考的事情。不妨看看老板们都是怎么工作的，想想自己如何像一位领导者一样工作。

---

90 对比在学术界找教职工作的简历和找企业工作的简历：在学术界找教职工作，通常可以一份简历"包打天下"，投所有的地方。这是因为学术界的需求通常比较统一。但是，不同的公司因经营方向、企业文化等原因，需求十分不同。所以，针对心仪的公司，了解公司的需求，写一份适合该公司需求的简历非常重要。

第三节 第一份工作，目光放长远

我们有时会过度压缩信息，把一份工作的信息简单压缩成薪水信息。尽管薪水也很重要，但是无法用这一个数字，简单地概括你和工作的关系。

相信你有了工作经验后，会赞同这一点。不过，找第一份工作时，可能会忽略数字掩盖下的长远考虑。

当然，谈到长远考虑，每个人的长远考虑都不同。不过，我相信各种积极的长远考虑之间会有一个共同点：第一份工作，需要考虑未来的发展空间。

有些人可能不同意：如果我的长远考虑，就是找一份稳定的工作，支持平淡而幸福的生活，为什么要追求发展空间呢？即便这种情况，我觉得，就业的前几年也可以更积极一点，在一个相对比较稳定的工作岗位上，为未来打下更好的基础。因为，没有哪份工作是真正稳定的。如果一毕业就不追求发展，那么，很容易被新的毕业生替代。离被替代的"危险区"稍远一点，向前多走几步，再追求稳定、追求生活，长远来看，是更明智的。

当然，如果你有更大的理想，那么第一份工作一定要考虑发展空间。

发展空间有很多种，比如，去创业公司和去成熟的大公司，对人的提升就完全不同。在创业公司工作当然不如大公司稳定，不过如果创业公司的团队确实是想做事情，也有做事情的能力，在这样的团队中工作能学到十分全面的技能[91]，而大公司往往倾向于把人训练成规范的职场精英。只要找到对的、与自我价值认知发展方向一致的公司，无论是去创业公司还是

---

[91] 当然，这一点很难判断。眼光老辣的投资人都经常看不准，更何况刚毕业的学生呢！（不过，创业团队对毕业生没有对投资人那么重的戒心）所以，通过实习或者其他非正式接触，多了解信息很重要。

去成熟的大公司，都有光明的前途。

前面讲到实习，在一个公司或者同类型公司实习的过程中，自己能学到多少东西，也是判断自己未来发展空间的重要依据。

至于起薪，如果你不是去一个稳定到一眼看穿的地方（并情愿如此），就要考虑到，未来很可能会换工作、会跳槽。尽管跳槽时，新公司开出的薪水和上一份工作的薪水也有一定关系，但是其关联度远没有你为新公司提供的价值那么强。

所以，找第一份工作时，眼光可以放长远些。在第一份工作中学到什么，是面向未来的更宝贵的财富。

第七章　象牙之塔：在人间，即我的大学

本章导读

近年来，越来越多的大学成为研究型大学，为更多同学提供了科研的机会。很多同学会犹豫：搞科研，还是就业？参与一些本科科研，可以帮助犹豫的同学做个明智的决定。也有一些同学，本来就抱有科研理想，本章也希望能帮助这些同学，更有效地进入科研领域。

本章将从我自己科研方面的一点回忆开始说起。之后，我们将谈论本科生科研、本科生到研究生的过渡、研究生科研，以及科研品位等问题。

第一节　理论物理和我的选择

2006 年，我写过一篇文章《理论物理和我的选择》，解释自己为何要研究理论物理。十几年后，这篇文章仍可以很好地解释我为什么选择现在的职业——理论物理研究人员。本书前面的章节中，也有一些内容可与这篇文章互相印证。[92]

---

[92] 当然，理论物理是个非常小众的职业，也并不容易找工作。这里，我转载这篇文章，并不是鼓励大家都去研究理论物理。如果同学有做科研的想法，无论哪个研究方向，那么，我做学生时的心态，可能与读者更接近，可供参考。我十分荣幸，现在仍前进在当时憧憬走上的道路上。

是谁在敲打我窗，是谁在撩动琴弦，那一段被遗忘的时光，渐渐地回升出我心坎……记忆中那欢乐的情景，慢慢地浮现在我的脑海。那缓缓飘落的小雨，不停地打在我窗。只有那沉默无语的我，不时地回想过去。

——蔡琴《被遗忘的时光》

在不断地遗忘中，我继续着物理上的追求，辛苦而充实。当记忆中的点滴细节逐渐淡去，我生命中不依赖于这些细节的整体性质则渐渐在我心中变得清晰。我变得知道，随着时间的推移和我的经历与心态的变化，我是如何在众多的职业中日渐坚定不移地选择理论物理，而在这个竞争激烈的环境中又是如何得到一个平衡点进而积累着自己的努力。趁着这些整体性质没有随着我的成长淡出我的视野，我将记录它们，献给自己，以及我的朋友。

亚稳态的真空

宇宙的命运似乎已经注定，暴涨、重新加热、冷却、形成结构、诞生智慧……但是，你是否看到，量子的涨落，如鲁迅笔下的地火，正在地下运行，奔突。

很少有人生来就是为了一个职业而设计的，更少有人生来就意识到这个设计的所在。年少的我们张开好奇的眼睛，为率先看到的世界而惊奇不已。小学五年级，在"小霸王学习机"上，我开始编写程序，并由此对计算机无比热爱。

面对未知的世界，我们自己曾经不知道下一步迈向何方。在近乎随机的试探中，我们成长，形成自己的观念，并且寻找着自己的平衡位置。

由于缺乏引导，我的爱好没有向正确的方向发展。到初中，我已经精通 BASIC 语言每一个语句的每一个细微用法，但是我问过许多人如何通过编程解决排列组合的问题，却没有得到答案。而这个问题正是进入算法学习的门槛。我不知道有一门课程叫"数据结构"，尽管我已经独立发现或接近了其中的一些算法和思想。我的编程技术还在提高，但已经朝着并非纯粹的方向发展。我编写了很多小游戏，甚至 BASIC 语言的交互界面。我学习其他的计算机语言，把其中语句的精微奥妙之处搞清楚了。可是，这时，我却渐渐觉得，计算机逐渐变得陌生，不再是我所热爱着的计算机了。

在高二的一个星期六晚上，我得到一本高中计算机竞赛的辅导教材。在几个小时的时间内，我领悟了其中的所有内容并且相见恨晚，我感觉自己看到了一个新的世界。但是，确实，一切都晚了。因为，这时的真空，已经开始衰变。新的思想，在我生活的各个方向迅速地传播，并且不可阻挡。

真空的衰变

你可看到那第一点星光？这不是最初的恒星第一次照亮宇宙，这是虚空中爆发出的力量，它已经到了你的面前，它将毁灭一切。所有的信仰，只有祈求在新的秩序中获得重生。

快上初中时，一本书，把我的心引向了稍稍偏离计算机的方向。这本书就是《爱因斯坦传》。直到大学最初的两年，我都没有脱离这本书的影响。

这一点点种子，并没有使我立即朝物理走去，反而是生活中的一点点甜头，把我逐渐引导向物理的天空。

在我的中学阶段，中考和高考除了在各自的最后一年外，很少进入我的思考，我的心完全被竞赛的魔力所占据。我所投入的竞赛，是真正的竞赛。没有正规的和填鸭式的奥林匹克训练，而是自己凭借兴趣在新的空间自由地探索。

初中时，我在计算机、物理、数学竞赛上投入了大量的时间和希望，尽管每一门竞赛都得到了奖励，但是只有物理竞赛给了我真正的回报。几次物理竞赛，我都获得了优秀的成绩，并且因此获得了远离家乡，到大连育明高中上学的机会。

我会永远怀念在育明高中的时光。诚然，我的高中生活很失败，我欠我的同学们很多。在高中，我有些不合群，有时说话做事只为自己着想，与同学的关系也不够好。这份歉疚一直压在我的心底，直到今天，我终于拿出来祈求同学们的原谅。如果有我高中的同学看到这里，我希望他们能够因为我初次离家，面临着困难和压力而原谅我们之间发生过的一些不愉快。我欠老师和学校很多，因为粗心大意，我没有在物理竞赛中拿到决赛资格；高考时，我又发挥失利，我能感受到我的老师们对我的失望，但我对此无能为力。作为一个借读的学生，我所收获到的一切远大于我的付出与给予。我只能寄希望于未来，慢慢弥补……

但是，抛却这一切，我在育明高中的经历如此不同。或许，这段时光像一张过分锐化了的照片，太棱角分明而过于生硬，但是它所体现出的基调，则永远影响着我，给我勇气面向未来。

在育明高中的时间里，我把我的热情完全倾注于物理，倾注于竞赛，倾注于物理竞赛。借用路一鸣的一句话："这赛场，就是你我的人生。"现在看来，当时的高中物理竞赛仍有章可循。但我庆幸，我身在张启超老师领导的启发性团队，在这里，竞赛训练是探索式的，而物理渐渐成为我的追求。在准备物理竞赛的过程中，我体会着前所未有的希望和快乐。在这里，我也为大学学物理打下了基础，不是知识的基础，而是思维的基础。我没有因为物理竞赛预先学习任何大学课程，但是因为准备竞赛所付出的思考，我感到大学中的微积分和普通物理出乎意料地浅显和顺理成章。

最后，经过并不困难的决定，我在高考志愿填报中选择学习物理。

满怀希望、激情四射的育明高中（旧称大连高中，简称大高），在我的心中定格在我们的誓言中：

"我宣誓，我是大高人。肩负民族希望，拥有崇高理想。勤奋学习，追求真知，完善人格，赢得荣誉。民族，理想，荣誉，共创大高辉煌！"

破缺与选择

完满的重生随着时间的流逝渐渐冷却。终于有一天，高山上升，海洋下降，破缺的秩序瞬间取代了对称的完美。当相变降临，是机遇，还是宿命，决定了你我何去何从？

在大学，物理竞赛被拆分成了两个词，物理和竞赛。物理还是竞赛？这是一个问题。

刚刚进入大学时，由于心中的失落，我听从最好的朋友的建议，参加了很多活动，借以散心。其中，影响我最深的，是辩论。

一个又一个巧合，让我这样一个不善言辞的人，经历了校级比赛、省级比赛，以至全国大专辩论赛的考验。尽管更多时候我是在台下支持着队友，但是，辩论无疑成了我大学前两年中的主旋律。在全国大专辩论赛决赛前，我们在最终准备好的资料中写下这样的词句。

"除了胜利，我们已别无选择，因为，这赛场，就是你我的人生。"

无疑，辩论是我竞赛的梦想的延续。然而，两年以后，我还是重新回到物理上来。尽管这时的物理，已经不是为了竞赛；这时的物理，也已经不是以前的物理。

高中的物理，是看得见的对生活的体验，对力和运动的感觉；而大学的物理，以至前沿的物理，则有天壤之别。唯一不变的，也是吸引我回来的，是对未知的探求和对最基本法则的奢望。因此，我回来了，并且沿着这条路走下去，不可逆转。

我最初只渴望对科研的体验，并不知道自己更适合哪个方面。为了兼顾自己编程的特长，我选择了粒子物理唯象理论，在那里，度过了我大学本科阶段最后的两年。

之后，我又离开唯象理论，离开散射截面研究，走向对纯理论的追求。而对粒子物理唯象理论实验室，我仍然心怀深深的感激。和张仁友老师、韩良老师、蒋一老师以及师兄师姐师弟师妹们的讨论，把我首次带到了物理的前沿。对加速器物理的反复理解和体会，也为我进一步的学习提供了足够的感性认识。这一切在我今后的研究和生活中，必将打下深深的烙印。

孤立子解

当相变带来的余热也已经平息，我们却已不能再回到平常的生活。岁月和经历，筑成领土间的高墙，已经使我们不再能够连续地变幻为彼此，而唯有珍惜我们交会时互放的光亮。

走向理论物理，不再回来。在这里，我挑战着自己理解力与创造力的极限。我是人群中最平凡的一个，经历了许多或许没有任何目的的涨落、破缺和选择，最终，在这生生不息中找到了自己的位置。我知道，自己绝大的可能，是被历史的浪花淘尽，然而，我会坚持下去，坚持自己的追求。抱定对物理的信仰与追求，即便不能从中得到其他什么，也至少能得到一个纯粹的人生，得到自己的尊敬。

《诗》有之："高山仰止，景行行止。"虽不能至，然心向往之。

第二节 本科生要不要做科研？

常有同学问：本科生要不要做科研呢？这取决于同学以后是不是想以科学研究为职业。

如果未来不想从事研究，除非觉得不体验一下太遗憾，想尝试尝试的（这种情况一般写个毕业论文也可以满足体验需要了）以外，一般没必要做科研。可以用这个时间干点更有意义的事，把课程学扎实、去公司实习、发展点业余爱好等。

如果未来想搞研究，就应该从本科生阶段开始做，大二或大三就应该开始。有以下几个原因：

第一，最重要的原因是，没有做过研究，就不知道什么是研究。有时，"想搞研究"可能是叶公好龙式的爱好；或者是觉得自己善于读书，就沿着硕士、博士一直读下去；或者是随大流，看别人读研自己也想读，可能你未必喜欢真实的研究生活。只有做过研究，才知道未来是不是真想搞研究，有没有必要读硕士、博士，是读个科研为主的还是应用为主的学位。

第二，在想做研究的情况下，选研究方向也至关重要。基本上每个老师都会跟你说自己的研究方向好。做点实际的研究，同时找机会和研究生师兄师姐接触，有助于在感兴趣和有前途的结合点上选择研究方向。如果做了一个方向感觉不喜欢，可以换一个。本科生换导师一般比研究生换导师容易得多。

第三，竞争。虽然我身边的本科生也有只通过 GPA 申请到很好学校的，但是发过论文明显会更有优势。总体上，我觉得这是个好现象。不发论文的话，在考试成绩 94 分和 95 分之间"卷"，可能更无聊。

上述三点原因中的第三点看起来很实际，前两点好像有点务虚，但是长远看来前两点更重要。这三点都需要至少从大三开始着手。这样才有试错和改正的机会。

其实我自己读本科的时候，大二下学期开始进实验室，大三、大四一直在做项目，但是科研做得很不顺利，也没有发过论文。虽然如此，我还是觉得这是我愿意做的事情，并且困难是可以克服的，应该是暂时的，所以就一直做了下来。我研究生阶段尽管换了个方向，但是上手较快，也基本顺利，这正是因为本科时的科研经验起到了重要作用。

第三节　如何开始本科生科研？

尽早找个导师问问。比如大一、大二，学了某位老师的课之后感觉想进一步了解，就可以问问老师这方面怎么进入科研（未必以后跟着这位老师做，但是同一方向的要求是类似的）。因为不同学校以及不同科研方向的情况都是不一样的，可以问问老师需要学过哪些课才能开始科研，需要重点培养哪些技能，学校哪些导师做这个方向，都有什么特点等。

对绝大多数科研方向而言，有些课要早点学、跳着学，这样才能接触到科研前沿。这是争议很大的一点。有的观点认为，这会造成学习不扎实，这样的学生走不远等后果。我的观点是，大学课程的学习是一个高度非线性的过程。学了后边的课以及做了点科研，以高级课程和科研的思维强度，回头再去学前面的课，也会有更深的理解。所以，只要自己一直在学习，而不是学过的课程就扔下不管了，那么这种折返往复的学习方式是很有效的。并且，如果你未来想做科研的话，需要终身处于一个不断学习的环境中，这种学习没有人给你制订预修课程，所以非线性学习的能力非常重要。

在学习的过程中，要和导师保持沟通（以尽量不打扰导师的方式）。问问刚开始科研时需要读哪些论文，一边学课程，一边开始读论文。刚开始读论文是非常痛苦的，通常会感受到知识断层和英语语境的双重暴击。

面对这种痛苦，一方面要方法得当，并坚持下来。如果英语对你而言是个问题，我建议读英文论文时，分略读和精读。略读时，用翻译软件[93]把英文论文翻译成中文的，帮助自己快速浏览论文的大意。但是，翻译软件不够准确，略读勉强可以。精读时，还是需要静下心来读英文原文。对我个人而言，读英文论文时记些笔记会有帮助。另一方面，也可以用 AI 工具，导入 PDF 文件，向 AI 提问，以此提高阅读效率。但无论什么工具，最终都不能替代我们自己静下心，耐心地把论文理解并存储到自己的头脑里。

另外，学习中遇到不懂的问题，也要脸皮厚点，多请教师兄师姐。可能很多你不懂的知识点，对师兄师姐来说只需几句话就能帮你解惑，但如果不问，你自己找一个月也找不到答案。

刚开始做科研的时候，要注重把科研工作"落实"的能力。比如做理论物理研究，导师说了一堆物理图像、物理意义，这些都尽量去理解，但关键是这个东西怎么转化成方程，怎么算。落实到"怎么算"，就和微积分、线性代数、数理方法、计算机编程联系上，可以利用学过的知识解决了。然后，有一点成果就向导师（或师兄师姐）汇报一点。因为在对物理理论理解不

---

93 用翻译软件的技术技巧取决于论文的具体形式。现在很多论文都可以被渲染成 HTML5 格式，在浏览器中浏览。这样，使用浏览器内置的翻译功能读英文论文就非常方便。对物理论文而言，在预印本网站 arxiv 上，可以将网址中"arxiv"的"x"改成"5"，论文就被渲染成了 HTML5 格式，接着就可以在浏览器中用翻译软件翻译了。当然，也可以使用带有翻译功能的 PDF 浏览器。

全面的情况下，如果自己闷头算一大堆，很容易走歪，算出来的东西都没用。要及时得到反馈，这样才能知道自己算的结果是不是真正解决了物理问题，需要怎么改进，等等。

有了"落实"能力之后，就要多思考。在持续把导师要的东西落实成方程（或程序、实验结果等）的同时，逐步理解这些东西的科学意义。小而言之，只有理解了这些工作的科学意义，才能写出一篇科研论文（而不是习题解答或实验报告）；大而言之，理解了科学意义，才能知道哪些方向重要，才能知道这些方向里面哪些课题重要，一步步为自己成为一个独立科研工作者做好准备。这一步在本科阶段未必有机会完成，但是要尽量努力，这样可以为研究生阶段打下更好的基础。从本科导师那里学到的，可能和未来从研究生导师那里学到的不同，值得兼收并蓄。

第四节　针对本科生科研，导师应该提供什么样的指导？

我的个人观点是，给刚开始做科研的本科生（以及缺乏科研经历的新研究生）的工作，需要有明确的落实路径。即，这个工作一步一步怎么做，路径在导师心里是很明确的，让同学逐步实现出来就行了。导师不该直接给刚开始做科研的学生高度探索性的课题。这样的好处有以下几点。

第一，让学生尽快走完一个从调研到论文发表的完整科研流程。这样有助于让学生对科研有完整的认识，也能减少一些学生的压力和负面情绪。

第二，把想法落实的能力是学生科研的基本功，学生应先把基本功练好。这就好比运动员会一个技术动作一个技术动作地分解练习一样。

第三，这种"落实"——把一个听起来"高大上"的东西变成解一大堆方程、算一大堆积分、写一大堆代码——也会及时劝退一些对科研有不切实际幻想的同学，让同学认识到科研往往是充斥着这些枯燥内容的。

以上是我的个人观点，因为这种方式也存在一定争议。有人认为，导师作为科研工作者，应该凡事以科研为出发点。如果一个科研项目，没希望达到导师论文水平列表中的前五，就可以不要做了。而且除非运气很好，探索性较小、步骤明确的科研往往没多大的科研意义。但是我觉得，导师除了考虑工作的科研意义，也要考虑培养人才的教育意义。从培养人才的角度来讲，与其一开始就给个"一将功成万骨枯"的课题，不如循序渐进。只需注意在指导学生的过程中，给他们设定一个适合的科研品位，让学生不要满足，不要一直停留在较低水平。

另外，导师的时间有效分配也很重要。我刚做导师的时候，由于带的研究生少，可以花很多时间跟进本科生科研。现在带的研究生多了，就没办法花以前那么多的时间指导本科生科研了。所以现在的做法是，找个靠谱的研究生，和我一起指导本科生。比如我们按需讨论，而本科生可以和研究生随时沟通。这样，就能在有限时间下尽量提高效率。

第五节　如何选导师？

无论是本科生做科研还是研究生做科研，选导师都至关重要。不过相对来说，学生在本科期间以学习为主，科研时间有限且容易换导师，而研究生选导师则更重要。本书主要以选研究生导师为例进行介绍，选本科导师也可参考。

这里假设，学生读研的目的是未来走学术道路。如果是以拿学位、找工作为主要目的，那么下文的介绍仅供参考。

如何选导师？这个问题的答案是由导师和学生之间的关系决定的。学生和导师之间是什么关系？学生向导师学习科研技能，而学生也为导师的科研（有时也有杂事）贡献劳动。学生和导师之间是双向的关系。选导师，是对回报与付出的权衡，学生在选择时可以考虑导师的以下几种"属性"。

学术成就

这是最容易看到的、完全外显的东西[94]。导师是否经常发表学术论文，论文被引用次数这些指标很容易找到（例如，可以查阅 Google Scholar、Scopus、Web of Science 等）。如果导师连论文都不常发表[95]，那么学生的毕业多半成问题。在很多专业，看导师是不是经常当论文的通讯作者，可以看出导师自己课题组的活跃程度。

这里注意，学科不同，论文被引用次数差异巨大。论文被引用次数只有在较小学科范围内，才有比较价值。以数学领域为例，与大数据、AI 相关的应用数学论文的被引用次数和纯数学论文的被引用次数也有天壤之别。所以，只有确定了方向，比较这个小方向的导师时，被引用次数才有参考意义。但即使同一方向，跟风论文带来的被引用和原创论文带来的被引用也是不同的[96]。比较论文被引用次数时，注意剔除明显的反常点，如成百上

---

94 涉密专业除外。

95 包括近年来论文发表数量突然变少，也要考虑这个导师是不是开始"躺平"了（要看数据库，如果网站上没列出近年论文，也可能只是没有及时更新）。如果导师发表的论文很少，很可能是导师搞科研不活跃，但也不排除导师只关心大问题。不过即便是后者，做这类导师的学生也不容易。

96 跟风论文带来的被引用通常集中在短时间，比如一年内；原创论文带来的被引用通常是长效的，甚至多年后才"爆发"。如果从科学的内涵来说，原创更重要。但是谁适合当导师，就是你自己的抉择了。虽然我建议以考虑科学内涵为主，但是跟风也有实际的好处，因为爱跟风的导师，指导你跟风发论文，你的论文发表数据往往也很好看。（不过跟风论文要发得快才行，所以通常导师也会给你更大压力，要求你的论文快点发。）

千人合作的论文，并且注意，综述文章不能完全算科研论文。

当然，这里比较论文发表数量和被引用率，都是"外行评价内行"式的科研评价方式。如果你在本科阶段已经有一点调研文献的基础，就可以更"高雅"地了解导师的学术成就：仔细阅读导师的论文（这也对和导师交流以及未来读研有帮助），注意看同领域科研人员的成果中有谁引用了导师的论文，这些引用导师论文的科研人员中是否有同领域最好的专家？他们如何评价导师的工作？引用者是来自全球各地，还是一个小范围？这体现了导师的研究影响力和国际影响力。

学术地位

导师的学术地位和学术成就相关，但也并非严格一一对应。若导师学术地位高，往往可以有更多资源，一般来讲也会对学生的资源和出路有积极影响。

学术内涵

跟导师能学到多少东西，除了看导师的绝对学术成就外，学术内涵也很重要。可以去网上搜一下导师的课和学术报告。能线下听一听导师上课或做报告就更好了。你听导师讲课、报告能获得很多启发的话，跟导师交流获得启发的概率也更大。

带学生方式

导师带学生的方式，没有统一的"配方"，不同导师采用的方式也有很大区别。有管得多的导师要求学生每周六天、朝九晚十打卡；有管得少的导师，学生办公室整天没人。当然，这两种极端都不好，都不是健康的科研氛围。但是，介于两者之间，管得偏多还是偏少，以及学生主动找导师是不是能得到更多的辅导，都需要兼顾读研的目的（目的是拿学位还是想要在学术上走得更远，或介于两者之间），自己的自律性、主动性等因素，综合考量以寻找到一个与自己契合的导师。

毕业的难易程度

如果学校信息较全，可以在学院主页查到研究生列表，也可从导师个人主页获得学生信息，从而了解某位导师带的学生的平均毕业年限。如果看不到相关信息，问一下组内的人，这种事实性的信息也不容易隐瞒。如果导师的学生人均延毕，不能按时毕业，就要小心了。

人品

导师是否过度压榨学生？导师是否让学生干过多杂事？导师是否尊重学生的人格？导师是否做得太过分，过分到远近闻名？同学有时可以通过一些导师评价网站，看到学生对这个导师的真实评价。但是，多数导师没有过分到这种程度，这时还可以向组里师兄师姐了解导师人品。最好和导师组里的师兄师姐面谈，比如一起吃个饭、喝个咖啡之类，此时旁敲侧击地问一下。如果直接通过邮件或者微信问，出于会留下文字记录的顾虑，得到真实回答的概率更小些。另外，如果师兄师姐表露出一些不满的迹象，请注意这些迹象，有可能是对导师很不满但不便直说。

职业阶段：选助理教授还是教授？

有的同学可能先入为主地认为教授比助理教授厉害。其实很多情况下，职称只是体现了从业时间长短。如果只比较在过去两三年的工作，有时教授的科研成果未必比助理教授更丰硕。所以，不必因这个原因看轻助理教授。

不过，助理教授由于晋升压力大，指导的学生少，往往会对学生的科研提出更高要求。这一点可能算优点，也可能算缺点，取决于你的需求，需酌情权衡。

大团队，大小导师

在很多大的科研团队中，大导师更注重把控科研方向，真正带学生、跟学生交流的是团队里的年轻教师，俗称"小导师"。所以，决定进入大团队前，不妨先请教师兄师姐，搞清楚团队的工作方式。

不要持"自己例外论"

很多同学一心想跟某个导师学习，哪怕有很多迹象表明这个导师的学术、人品等方面有问题，跟自己的学生相处不好，他也觉得自己会是个例外（心理学上，人经常有"自己是例外的"这种错觉）。我劝同学们不要持"自己例外论"。因为我实在见过很多认为自己例外，入坑才后悔不迭的例子。

第六节　关于导师的几句大实话

这一篇，我想写几句导师通常不说的大实话。这些大实话的核心，是句不是废话的废话：一般来说，导师是个人。

从我读大学说起。当年不乏这样的记忆：老师讲的一个知识点，我怎么想也想不通，下课查书，换别的方法讲，想通了，但是用课堂上老师讲的方法还是想不通。当时给我的印象是这个知识点挺难的。

后来，我成了老师，站到讲台上，才明白多年前"想不通"的原因很简单：同学没想通，可能就是老师没讲通[97]。即便我很努力把课讲好——我深深尊敬的大学老师们通常比我更负责——也无法做到在几个小时中，把每个知识点都讲得逻辑上清清楚楚。某个知识点逻辑上差了两环，甚至说错了一句，可能刚好就是学生卡住、想不通的地方。

我在此既不是为老师这个崇高的职业抹黑，也不是为老师的无心之误开脱，只是说一个最简单的道理：老师也是人，也会犯错。

这里以知识教学为例，是因为大家即便没读过研，总听过老师上课，相信也曾有同感。

老师可能犯的错，可不仅仅体现在知识教学上。在科研选题、科研进展、为人处世以及利益取舍上，老师都可能犯错。我们一方面，不必为自己塑造一个不犯错的导师偶像，把导师犯的错当作自己犯的错；另一方面，只要不涉及大是大非的错，而是一个平常人会犯并且可以被原谅的错误，就没必要上纲上线，而导师在学术和发展上仍可以给我们指导。正像一个软件中不可能没有 bug 一样，我们往往也不必苛求不犯错误的完美。摆正心态，和一个真实的、有缺点的导师和谐相处吧。

当然，也有的导师素质极高，不在此列。

第七节　申请研究生，要"套磁"吗？

在考研或申请研究生的过程中，除了官方程序之外，和导师本人取得联系也很重要。学生发邮件和导师联系，被称为"套磁"。和导师本人联系的重要性体现在以下两方面。

---

97 当然，这一点也不绝对。同学可以参照几本中外经典教材，如果书上的知识点都和老师说的一样难理解，那么这个知识点可能确实比较难，不是老师讲解的问题。

第一，即使导师的意见和"录取与否"无关，你也会知道，假如你被录取了，导师是否倾向于收你做学生。除非你只想读个研，不在乎导师是谁（我不建议以这种态度读研）。

第二，在很多学校，导师的意见和"录取与否"是相关的，甚至是决定性的。在一部分申请制的学校中更是如此[98]。这时，联系导师对申请至关重要。

所以，虽然"套磁"有点打扰导师，但是为了申请成功，对于重点关注的导师，还是要去联系的。那么，写套磁信需要注意些什么呢？

第一，不要毫无改动地群发套磁信。这种毫无特点的群发邮件一眼就能看出来。如果这种群发邮件懒惰到连称呼都懒得改，只写尊敬的教授（Dear Professor）……我相信没人愿意回复这样毫无诚意的邮件。至少每封信改个收信人名字，改个研究方向，而不是简单含糊地写"我对您的研究方向感兴趣（I am interested in your research direction）"。这是对导师基本的尊重。

第二，如果是重点关注的导师，值得花些时间写一封比较诚恳的、情真意切的信。我的一些已经毕业的学生，申请时给我写的信十分恳切，我到现在都还记得[99]。

第三，如果同学们的英文写作水平一般，而收信的导师是中国人，即使这位导师在外国大学任教，给他写中文信也可以。因为同学如果用英文

98　对于申请制读研的学校，不同的学校制度不同。借用我从著名学术博主"悦悦爱物理"那里学到的名词，这些不同可以分为"强导师制"（导师决定收谁做学生）和"弱导师制"（一个委员会决定收谁进入系里，录取之后再由学生和导师双向选择）。申请时，搞清楚学校采用哪种制度，至少走很多冤枉路。

99　但是由于找我的学生太多，如果同学们碰巧对我有兴趣，不必花很长时间写一封很长的信，简短询问即可，因为我多半无法给予肯定回答。

不能更好地表现自己，不如用中文，这样双方沟通还能更顺畅些。

第四，套磁信不要出现各种因粗心大意导致的奇怪错误。除了简单的拼写、语法错误外，这里我也分享一些我收到的套磁信中所包含的搞笑错误：

☆ 学校的英文缩写写错，HKUST 写成 USTHK，让我看了半天不知道后者是什么。

☆ 用 ChatGPT 写套磁信，夸奖了我一通，说我的几篇论文十分重要，结果这些论文都是 ChatGPT 编的，我从来没有写过这些论文。

☆ 用空泛的语言夸奖我任职的学校，接着又夸奖我的研究方向，但提到学校名和研究方向的几个单词，字体和正文不一样，一看就是复制粘贴上来的。

虽然这些套磁信让导师看了觉得很搞笑，"有利于"导师的身心健康（开个玩笑），但恐怕不能达到写信人原本的目的。

第八节　申请研究生，要准备哪些材料？

对于申请制学校，申请研究生往往需要如下材料。

个人简历（CV）

前面已经提到过，CV 像成绩单一样重要，概括了你在大学所取得的成就。有趣的是，有些学校的入学申请中，CV 这一项是可选的，不是必须提交。这时，可能有些同学觉得，填写申请表格的时候，反正已经把 CV 里的大部分内容填进表格里了，就不用再附上 CV。但是我觉得，只要有附上 CV 的机会（哪怕是上传在"其他文件"里面），没有明令禁止附上 CV 的话，还是附上 CV 为好。

这是因为，研究生入学申请表格是由大学的行政人员来粗筛的，而在申请制研究生的选拔流程中，在行政人员根据硬性标准粗筛后，更关键的决定是科研人员来做的。行政人员觉得 CV 不重要，不等于科研人员觉得 CV 不重要。反正我在看申请材料的时候，都是跳过表格，快速下拉到成绩单和 CV。如果这个申请者没有附上 CV，我会再"稍有不满"地返回去看申请者填的表格。优选 CV 是因为，CV（如果写得好的话）更一目了然，突出重点，能综合体现申请者的成就、偏好、审美、风格，所填内容是否严谨或是否存在一定程度的"吹牛"等多角度的信息。这些信息是标准化的表格无法体现的。

推荐信

申请制学校通常需要申请者准备一至三封推荐信。如果申请多个学校，通常要准备三封推荐信。

最好的推荐信，是本科老师亲自给你写的强烈推荐信。但是，通常只有在你和老师合作过科研项目并进展很好的情况下，才能要到这样的推荐信。如果你感觉能要到这样的推荐信，不妨直接问老师是否愿意给你写一封。

有的老师会要求学生自己写推荐信，老师审阅后在上面签字。这是很常见的情况。一般来说，这样的推荐信很难达到老师本人写的效果。因为受限于对导师和对科研的了解程度，以及自己写推荐信的经验和英文水平，同学很难写出一封有水平的强烈推荐信，要么写得平平凡凡，要么陷于空洞地吹捧。这样的推荐信"一眼假"，虽然大家通常知道现状也表示理

解 [100]，但是这种"一眼假"的信肯定不能为申请加分。

研究陈述（Research Statement，简称RS）

RS 可以看成是申请者在学术上对自己 CV 的细化。如果本科搞的研究和申请研究生的研究高度相关，可以结合在一起来写，否则可以分成过去的研究和未来的研究两部分。

由于你潜在的导师会考虑与你自身研究兴趣的契合程度，所以你可以考虑结构化地写几个可选的未来研究方向，组合成不同的 RS，投给不同研究方向的学校。最好能结合申请学校的导师的研究，具体写几句和导师研究方向相关的内容。

不过我个人觉得，对于研究经验不足的申请者来说，例如申请研究生的本科生，RS 并没有 CV 和推荐信重要（除非你非常强，能写出博士毕业水准的 RS），只需大致体现一下研究方向。所以不必花大量时间，硬写出一个很长的 RS。

第九节　读研究生，要具备哪些技能？

我以表格的形式，列出一个研究生通常需要拥有的技能，以及建议同学获得这些技能的时间（读研的前 1/4 阶段、中间阶段、后 1/4 阶段）（见表 1）。这里考虑的是较理想的一般状况，具体情况（比如是否方便经常与外界合作），要视课题组开放程度而定。

---

100 有些导师对代写推荐信表示一定的理解，也有些导师认为这是不诚实的，不会录取这样的申请者。

表 1　研究生阶段技能训练时间表

技能训练	指导方法	读研阶段		¼			½		¾		
课程学习	参考学校课程设置	■	■								
前沿学习	读综述，经典文献	■	■	■							
	读预印本和新论文			■	■	■	■	■	■	■	■
	上暑期学校			■	■	■	■	■	■	■	■
科研想法	找导师要	■	■	■	■	■	■	■		■	■
	独立想、与外界合作			■	■	■	■	■	■	■	■
调研	借助引文快速掌握方向			■	■	■	■	■	■	■	■
科研落实	小方向技术不断深化			■	■	■	■	■	■	■	■
	通过合作多学技术			■	■	■	■	■	■	■	■
写文章	学术写作基本规范	■	■	■							
	精益求精			■	■	■	■	■	■	■	■
学术交流	组会、论文研讨			■	■	■	■	■	■	■	■
	会议报告				■	■	■	■	■	■	■
	访问（短、长期）						■	■	■	■	■
找工作	建造你的简历与人脉	■	■	■	■	■	■	■	■	■	■
	申请博士后								■		

第十节　学术生涯需要"贵人"相助吗？

需要。除非你真的是个天才。

特别是在学术发展的早期，无论学识、视野、品位、技术还是精神，如有人引领，都能更上一层楼。

在本科和研究生阶段的科研中，你要多向导师学习。不过，能有机会向更多人学习，特别是向更多世界一流科学家学习，无疑对人生和学术发展极其重要。当然，你从别人那里学来的东西，导师或许本也可以教你，或者已经教过了。但学习，特别是超越知识性的学习，往往不是听一个人说过，你就能懂。多听一听，可能忽然有一天，有一个人说的契合你的背景和情况，你就猛然懂了，如醍醐灌顶。

这里我举几个除了导师之外，在学术中也全心帮助过我的例子[101]。一方面是给读者借鉴，另一方面也是我借机表达感谢。

罗伯特·布兰登贝格尔（Robert Brandenberger）：我读研就是从他的综述入门。读研期间，忽然有一天，我发现一个瘦削的身影出现在理论所，于我不啻一道闪电。接触多了，我才感受到在那瘦削的躯体中蕴含的巨大能量，大海般广博的学识，对学术的坚守、对教育的信念、对学生的支持，以及简朴到如修行般境界的生活。他深深影响了我，以及他身边一代又一代学生。

戴自海（Henry Tye）老师：我在理论所读研的某一天，一个师兄跑到我的办公室吹牛，"我看到 Henry Tye 了，就在所里，像武侠小说里的火工头陀。"由此，一个传奇人物进入了我的学术生活。和戴老师的交流，让我看到一个好工作好在哪里，以及如何追求一个好工作。"或者有非凡的想法，或者有非凡的计算。"[102] 我听到这句话，仿佛忽然看到了一个新世界。多年后，我听另外一个深受戴老师影响的同事，说出同样的话，才知道这句话不仅影响了我一个人。和戴老师的交流，也让我深刻理解了一句话："开朗的人，运气都不会太差。"戴老师看待事情往往十分乐观，

---

101 这些例子可能很个人化，却都有让我深受教育或大受震撼的瞬间，如同传说中的"开悟"，"开悟"很难用语言形容。我只能用语言描述，我学到的东西大概是这个样子。你个人化的"开悟"瞬间，或许也可以来自与大师交流的相似经历。

102 戴老师的原话是：或者有 nontrivial idea，或者有 nontrivial calculation。

常把"好极了"挂在嘴边。他的魔力是，就算一开始事情并没有他说的那么乐观，在他的影响下，事情往往就向这个乐观的方向发展了。"悲观者往往正确，但乐观者往往成功。"

陈新刚老师：我有幸能和陈老师长期合作。爱因斯坦曾说，"我不能容忍这样的科学家，他拿起一块木板来，选择最薄的地方，在最容易钻孔的地方钻许多孔。"爱因斯坦的话很有道理，但很难追求，因为多数人能力有限，难像爱因斯坦一样在木板上钻一个震古烁今的孔。幸运的是，在和陈老师合作的过程中，陈老师身体力行地教我，如何在木板上薄厚适中的地方，钻一个力所能及的好孔。

安迪·科恩（Andy Cohen）：安迪是我见过的最聪明的人，也是我见过的对量子场论[103]理解最深刻的人。我有幸成为他的同事。我问他理论物理问题，那些令我百思不解的问题，他几乎每次都能立刻回答。我多次听到有人说，因为安迪太聪明，说话不好懂，不敢跟安迪讨论。不过我发现，如果克服这种"不敢"，努力让自己达到可以勉强和安迪交流的水平，则是对自己的巨大提高。安迪会直率地让所有模模糊糊、似懂非懂和不懂装懂的人无地自容，"逼迫"和他讨论的人真正理解物理。更幸运的是，他有个习惯，就是他想跟人讨论问题时，会先设法把这个人教会（要不然就很少有人能跟他讨论了）。所以，我向安迪学到了太多东西。

最后，值得一提的是，这四位老师中，有三位都是我在攻读博士时认识的。读博士时，与大科学家交流，实在重要。

---

103 量子场论是我的研究方向，也是理论物理里面最重要的技能。但由于量子场论里面包含大量极深刻的道理，以及盘根错节的联系，贯穿整个理论物理，很少有人能把它理解透彻。可以说，安迪是我深入接触过的、理解透彻这一学科的人。据说他深得西德尼·科尔曼真传，可惜我并没有机会与科尔曼交流。

第十一节　科研不顺利怎么办？应该继续吗？

这里说说理论物理、纯数学等不用做实验的学科。如果和实验相关，则有实验条件方面的考虑，会更复杂，需要分析更多具体情况。

科研不顺利，但未来变好或没能变好的例子都可以举出很多，个案难以参考，只有统计才有意义。统计上，这是一个很好的问题，我虽然没查证过，但猜测应该会有相关研究。这里我只做一些道理上的阐释。

（1）读博士期间为什么没有做出很好的成果？自己比做出好成果的同行差在哪里？

- 是思维能力有差别吗？判断标准如下：① 和"做出好成果"的同学讨论专业问题，能不能跟上，提出建设性意见？② 如果合作的话，双方都花功夫的情况下能否构成平等贡献的合作？如果这两方面差距很大，不是知识盲区，而是达不到那个高度，那可能确实不适合读这个专业。

- 是与导师之间的问题吗？这其中包括导师的水平和与导师的关系。有这些问题的话，你和同行的差距一方面体现在已有的成果上，另一方面是需要一个强力推荐你的导师。这些都很重要，但也不是不可克服的。

- 是科研选题难度高低的问题吗？这一点和导师的指导也是有关的，找到好选题非常重要。有的选题很深刻但真的值得做，博士期间未必能做完，但是做出来就厉害了。不过这种情况相对较少。更多的是选题难度偏低，做了一大堆但是达不到高度。在这种情况下，缺一个突破契机，靠自己开窍可遇而不可求。一个可操作的办法是找"牛人"合作，让"牛人"带一带。

- 是运气问题吗？很多研究课题，做出来后，一多半的结果很重要，一小半的结果很平庸。做之前不好预料，这也和导师的选题直觉有关。另外，也有很多其他的"倒霉"因素，比如张益唐被"已知"结论误导，等等。搞学术就像踢足球，打到门柱上，弹到门里还是门外，不是能力问题，但是区别就是天上地下了。读博士期间"不走运"两次，读博士的时间就耽误了。但是只要坚持，依旧未来可期。

需要注意的是，我们往往喜欢在别人身上找原因，把自己往好了想。所以问上面这些问题的时候应该尽量客观，不能自己糊弄自己。

（2）逆流而上。读博士是一个让人上进的阶段。在一个学习环境好的地方读博士，就算自己混一混，耳濡目染中，还是会和大家一起进步。但是读完博士，从做博士后开始直至自己独立研究，想再进步就是一个逆流而上的过程，需要靠自己，且不进则退。随着年龄增大，分心、放松、偷懒、走捷径、耍小聪明的借口（以及正当理由）越来越多。这时，一方面，需要主动把自己放到一个上进的环境里，如氛围较好的学术会议与合作项目；关心一些与自己研究不完全相同的前沿，"死皮赖脸"地多跟更年轻、更有上进心的同学们在一起，等等。另一方面，需要做好一个逆水行舟的心理预期。

第十二节　大科学中，如何安放小人物的自我？

有时，我会问来参加大学入学面试的同学，哪位科学家给他留下最深的印象？

学物理的同学里，有一半会提到爱因斯坦。一代又一代人的科学梦，是从爱因斯坦开始的。

但是，当你真正从事科学研究，你会看到不同。这是一个大科学的时代。科学的大厦已傲然矗立，而为科学大厦添砖加瓦的，往往是一些大科学工程，而不是个人（哪怕他真的是一个天才）的单打独斗。

哪怕是处在爱因斯坦的时代，又有几个人成了爱因斯坦呢？更何况是现代。一个科研工作者穷极一生，能做的或许就是把科学大厦里，一座浮雕袖口上的花纹做精致。现实是，我们多数人都是大科学中的小人物。

怀着爱因斯坦梦进入科学，如何在大科学中安放小人物的自我？

我们在教科书中学到的科学如此漂亮，但一个普通科研工作者，如果一生能有一项值得进入教科书的科研成果，也足够荣耀了。大多数时间，科研工作者做的都是科学史中记载不到的细微贡献。但做不了史上雕花，也尽量别画蛇添足。做点微小但有意义的事情，只要有意义，哪怕微小，在那一刻，这个发现是你得到的；在那一刻，你也会感到："前不见古人，后不见来者。念天地之悠悠，独怆然而涕下。"（引自陈子昂[104]《登幽州台歌》）

第十三节　科学家有排行榜吗？

公众对科学家排名很感兴趣。我做科普时，人们常常让我把科学家做个排名，例如，有人常常问我杨振宁先生排历史第几。

朗道也曾说过用对数把物理学家分级，排个大致强弱，每差一级，水平差10倍。朗道把牛顿排在0级，爱因斯坦排在0.5级，自己排在2.5级（后来做了相变的工作后，把自己晋升为2级），而最低的物理"搬砖工作"

---

[104] 陈子昂或许更多的是表达一种悲凉的孤独，但是站在科学的边界上，用这首诗的原文，我想体现的是一种自豪的孤独。

被评为 5 级。很多物理学家在朗道分级上搞谦虚和"行为艺术"。例如，康奈尔大学教授、美国科学院院士大卫·默明把自己排在 4.5 级。于是，只要不如他，就只能被迫排在 5 级了。

虽说大科学家和小小的科研工作者确实有区别，但是，无论是学术界，还是公众领域，也不宜把朗道分级看得太重要，非要把科学家排出个名次。

大家给科学家排名的热情，或许来自武侠小说。武侠小说里的侠客，或明或暗，往往是有排名的。比如，古龙的《多情剑客无情剑》，百晓生作兵器谱，排名第一天机老人、第二上官金虹、第三李寻欢。

然而，最终天机老人败于上官金虹，上官金虹败于李寻欢。可见，排名，仅是江湖传说而已。

所以，就算是"武无第二"，"对的，站着；错的，倒下"的武侠世界，也无法精确排出一个座次。

科学，并不是科学家之间捉对决斗，非要用"打"来形容。科学，是所有科学家通力协作，来打"自然奥秘"这个"怪"。科学贡献有太多维度，把这些维度投影成一个"座次"，无论怎么排，都会有偏颇[105]。所以，科学家的贡献，还是留给历史慢慢检验，不要按排名来选择你心中的科学英雄。

第十四节　虽不能至，心向往之——理想的科研是什么样？

孟子说："人有不为也，而后可以有为。"范晔说："然则有所不为，亦将有所必为者矣。"为与不为之间的取舍，就是科研的品位。

---

105 "偏颇"这一点不仅适用于科学家排名，也适用于大学排名、专业排名，以至几乎一切排名。"排名不靠谱"这件事如此普适，甚至有一个数学定理来描述它，叫"阿罗不可能定理"。

要有品位，科研想法先要有富余。如果没有富余，得一个想法已不容易，还处于"一箪食，一豆羹，得之则生，弗得则死"的阶段，不如先在领域里站稳脚跟，打好基础，开阔眼界，多有想法。有想法才能做选择，谈品位。（当然除此之外，也可以有好的选导师的品位，从导师那里要课题！）

具体到什么品位为好，不同的人见解不同。这也正是科研的多样性所需要的。我个人以为，一方面，是做有趣的科研。这个有趣，就算限定在物理里面，不同小方向之间也无法一概而论。是喜欢做最普适的理论，还是喜欢研究非常具体的机制，如豆腐脑的甜咸，争论无益，自己喜欢，乐在其中就好。如果感觉科研无趣，则不如趁早换个自认为有趣的事业。

另一方面，功利点说，做重要的科研。什么是重要？可以把自己做的事情，放到历史里面，看看过去，想想未来，作为现在的借鉴。当然，功利和品位往往冲突，但这是品位中没那么主观，也不大依赖于具体科研方向的部分。

翻翻历史，什么样的科研成果留了下来，什么样的科研成果已被遗忘。找些德高望重的学者谈谈几十年前的科研，谈谈现在的主流理论，在当年还没有确立其地位的时候，人们是怎么看的。如果几十年前的科研成果时间太久难考证，几年以前的科研成果，有哪些还重要，也可借鉴。

想一下未来，一个想法，如果能做成，在最乐观的情况下，能实现下面的哪一点？

1. 发表出来，有没有人会认真读一下摘要？

2. 发表出来，有没有人会认真读全文？

3. 一年以后，除了自己，还有没有人记得这个工作，使用这个结论？

4. 有没有综述文章，会（非友情地）认真提到这个成果？

5. 这个领域的专家，会不会以不知道这个成果为耻？

6. 十年之后，除了自己，还有没有人记得这个成果，使用这个结论？

7. 这个成果该不该写到研究生教材里面？

8. 这个成果该不该写到本科生教材里面？

9. 百年以后，除了自己，还有没有人记得这个成果，使用这个结论？

10. 百年以后，这个领域是否只留下这个成果及其衍生理论？

11. 这个成果该不该成为大众科学素养的一部分？

12. 如果有一日，人类将毁灭，人类会不会把这个成果刻在石头上，以证明他们曾经具有的荣耀？

当然，说起来简单，能做到前几点就已经极其困难。以现代科学的难度，也难有人初出茅庐就达到自己的最高水平。1905 年的奇迹，如今已成绝响。我觉得，在实现一个小目标之后，向下一个目标努力，花个五年、十年争取做到，从功利的角度，就是有品位的。如果满足于同一个水平，在这个水平下，写 N 篇文章，自己的进益恐怕只有 N 的对数（$\log N$）。

虽不能至，心向往之，与君共勉。

附录　象牙塔里的更多学术技能

大学中，希望做科研的同学毕竟是少数。为了不让本书最后一章过长，我把更多与学术有关的技能写在附录里，包括学术直觉、科研想法和论文写作。这些技能不仅有助于科研，相信对其他工作也能有所启发。

有哪些种类的学术直觉？

学术直觉可分为瞬时、短期和长期这几类。

瞬时：对一个想法的"一见钟情"。这个想法可能是你自己忽然想到的，也可能是别人告诉你的。你在想到或听到的一瞬间就特别喜欢这个想法，当然也有可能特别反感。瞬时感觉未必靠谱，但值得继续追问或思考。另外，瞬时感觉也是对思维的一种激发，因为你的脑海里会立刻闪过一系列对或不对的理由。

短期：在思考过程中，如果对每一步都进行数学推演，花费的时间精力太多（对于发散性的科学问题，在黑暗中摸索，每一步都去试推一遍各种可能性，花费的时间更多），所以应以图像性思考代替。感觉这个物理系统应当怎么运行，每一步应当选择怎么提出下一个问题。通过短期思考有了大致推测，再去计算检验这种推测。这种思考方式和生活中的经验相似，只不过思考对象换成了科学问题。这里，物理图像和物理直觉不容易截然分开。或许，物理图像里一些跳跃的"神来之笔"，比如关联到一个不相关的问题，或归纳出一个还不存在的概念，更值得叫作物理直觉（这些"神来之笔"可能又更像前面提到的瞬时直觉了）。

长期：科学前沿的很多区域，都是暂时没法分出对错的。无论你倾向于相信哪一方，都暂时没法给出足够置信度来排除对立面。但是，为了在科研的方向上做出选择，把有限的时间用到你认为"可能对"的方向，需要根据自己的知识体系，选择一个倾向于相信的方向。比如，爱因斯坦倾向于相信理解引力的突破口是等效原理，他选对了。否则他不可能投入十年的精力去寻找背后的数学规律并且建立广义相对论。但是，他又倾向于相信上帝不会掷骰子，结果选错了。

这些"直觉"应该是每一个人都会有的，只不过科学天才的直觉可能会更强大而已。如何加强这些直觉呢？章北海的父亲说过，在那之前要多想。我觉得，直觉属于潜意识里有准备的人。

也有一些其他的直觉，只有少数人拥有。比如所谓"联觉"，费曼在自传中说自己看到字母和数字的时候会感知到特定的颜色；马斯克也描述过自己会有类似的感觉。但是，只有少数人有联觉的记录。至于这些特殊直觉和科学发现之间的关系，可能交给心理学去研究比较好。

如何培养学术直觉？

良好的学术直觉可以让人在展开艰难的研究之前，就先对结果有一定预判。这里，我们以物理学为例，谈谈如何培养学术直觉。我相信本节内容对其他理工学科也有参考价值。

为了引出物理直觉，我们以做题为例，看几种不同的做题模式。

面对一个物理问题，至少可以有以下三种解题思路和方法。

（1）模式识别。把新问题转化为曾经见过的问题。

老师：路上看到有坏人怎么办？

学生：报警。

老师：路上看到一个迷路的人怎么办？

学生：先把他变成"坏人"。

老师：？？？

学生：这个问题现在转化成了一道做过的题。然后报警。

（2）反向搜索。题目中问某个物理量，比如时间。那么就把学过的公式想一遍，看哪个公式包含了时间，再看看这个公式中包含的其他量和题中给的量有没有关系。然后缺少哪个量，就把学过的公式再想一遍。依次类推，直到完成。

（3）物理直觉导向。有人主张不要过度依赖物理直觉[106]，也有人大力支持物理直觉。这两类观点说的直觉不是一回事。前者是指与生俱来或日常生活中形成的，没系统学习之前就有的直觉；后者是指通过学习、研究培养起来的直觉（不光科学，画家画画、球员踢球，甚至司机开车，都不能只靠一般生活中的直觉，都是反复训练培养的直觉）。我所说的物理直觉属于后者，即想象出整个物理过程，按照头脑里的想象来解答，把做题当作头脑中物理过程的简单应用（而不是数学逻辑的简单应用）。至于如

---

106 特别是一百年前，量子力学的建立者们，比如狄拉克。或许因为当时量子的直觉还没建立起来，而当年的经典直觉，只会给发现带来阻碍。所以，很多对直觉的批评也具有一定的历史局限性。

何建立起符合科学的直觉，后面再细说。

当然，真正的解题过程一般会用到上述所有方法。不过，选择以哪种方法为主导还是体现了不同人不同的思维方式。前两个方法可能考试的时候短期有效，但它们并不是一个面向未来的学习方法。前两个方法的问题体现在以下几方面。

（1）只有物理直觉能告诉我们，解题的步骤和答案是否合理。我们经常看见有的人做题，甚至做研究，中间就错了，并且错得很离谱，但自己还不知道，还在一本正经地推导。有了物理直觉，中间推导哪怕错了一步也能马上发现（只差个 2 倍之类可能不容易发现，但是如果差个量级，或者分子分母搞反马上就能意识到）。在物理研究中，也会出现很多没办法（或不值得花那么多时间）算清楚的事情。有好的物理直觉，就能在这些问题上把握得比较准确。

（2）模式识别和反向搜索不适用于创新性研究。创新性研究往往是无先例可循的，所以没法进行模式识别。另外，在研究过程中，自己需要先提好问题，再解决问题。什么是已知条件，什么是要求解的量，这些本身就是研究的一部分，所以很难套公式努力联系已知条件和求解的量。

（3）物理研究通常需要近似。好的物理直觉告诉我们什么样的近似是好的，有好的物理直觉才能避免"真空中的球形鸡"。

（4）物理研究人员经常要和同行讨论。有好的物理直觉，可以几句话就说清楚自己研究的问题[107]，包括动机、关键想法、物理结论（就是把脑海中的物理过程描述一遍），并能迅速回答对方问题。如果从逻辑推导的角度去说，则需要更长时间。

---

107 很多物理交流并不是在报告厅这样的正式场合进行的。比如吃饭的时候碰到一位专家，
    这时，你有好的物理直觉，才能在专家面前把自己的研究用语言描绘清楚。

（5）模式识别和反向搜索都是计算机擅长的。我个人认为，通过这两种做题方法培养出来的能力很容易被未来的人工智能取代。（当然，要是以后计算机能自己先跑几遍模拟来培养直觉，然后靠直觉做物理研究的话，恐怕科研人员也可以退休了。）

所以，如果没有好的物理直觉，就算解题能力再强，未来也只能是好的物理技术工人，难以做出开创性的工作。那么，如何建立物理直觉？确实，从相对论和量子力学开始，建立物理直觉越来越难了。但是，仍然有方法可以帮助我们建立物理直觉。

（1）在脑海里放"电影"，"电影"的每一个细节，都能追溯到相应的物理原理或公式。比如相对论里的"钟慢尺缩"，把这些效应都添加到脑海里的"电影"中去。再逐步在这个"电影"中添加尽可能多的物理细节，例如，光的多普勒效应，Terrell 旋转等。这就是大家常说的，熟悉一个理论（注意，是熟悉这个理论方程所描述的"电影"，而不是背下这些数学方程本身），慢慢就有直觉了。这个过程基本相当于在大脑里跑个模拟。

（2）当感到一些问题反直觉的时候，反复去想。每次从基本原理出发把推导过程（以物理图像的方式，比如提到"钟慢尺缩"就去想爱因斯坦的光钟）想清楚。多想几次，再遇到这些"反直觉"问题时，因为脑海里会自动闪过整个物理图像，就不会再感觉反直觉了。

（3）搜集并搞清楚理论里面的"佯谬"。这个和数学反例类似却不尽相同：不是哪里真的错了，而是前人反直觉的经验总结。

（4）从尽可能多的、不同的角度去想问题（就是常说的要想通）。就好比解析函数可以从任何方向求导数一样，要尝试从"任何角度"逼近一个问题。如果某个角度想不通，就说明理解还不够深入（或正确）。比如相对论里"尺缩"的效应，可以从"钟慢"效应换一个参考系去理解，也可以把"光钟"旋转 90° 来理解，还可以不用"钟慢"效应，而只通过对比两个尺来理解，等等。前面提到的理论佯谬也是多个角度想问题的好素材。比如双生子佯谬，可以通过惯性系、同时性、光信号通信、广义相对论等各种角度去想。

（5）和日常生活对比。有时候，我们要学习的物理知识和日常生活中的道理一致，这样我们可以更容易理解这个道理。比如耦合常数的跑动，听起来很高大上的概念，却可以与婚礼发请柬联系起来，是用白纸和彩色打印机打出一个红底（能标）黑字（涨落）的请柬，还是拿红纸放在打印机里打红底黑字的请柬？就是这么简单。另外一些时候，我们要学习的物理知识和日常生活中的道理是相反的，这时我们可以更清楚地抓住需要理解的重点。比如光电效应，想象一下地震的时候，是短波长小振幅的地震波容易把人从房子里吓出来，还是长波长大振幅的地震波容易把人从房子里吓出来。量子世界恰恰相反。

（6）简化数学模型。记得以前学紫外灾难，感觉很抽象。后来想到先考虑 1 维空间情况，马上就清楚了，3 维空间物理原理是一样的，之前感觉抽象是因为迷失在了数学细节里。

（7）用数学推导中的逻辑感觉代替物理直觉。我尽量把这一条放在靠后的位置介绍，因为这是没有办法的办法。学一门课，一开始就把整个物理直觉建立好是不现实的，有一部分"解释不清楚，但是我可以推给你看"的内容也是常事（我自己在研究时也常有部分结论是这样，不过我努力让这部分尽可能少）。通过学习和理解地不断深入，这部分"临时感觉"会越来越多地被"有编制"的物理直觉所取代。

（8）（这点，我个人没有体会）"从小开始学现代物理"。诺贝尔物理学奖得主戴维·格罗斯说，他在女儿很小的时候就教她量子力学，希望把她训练成一个最有量子直觉的物理学家。结果长大以后她去学了历史（说到这里，戴维的表情满是遗憾）。

回到做题的问题，做题只是辅助，是以一种有反馈（答案）的方式来检验自己的直觉是否足够科学的方法，也是一种半强制的有量化指标的训练（自己想明白虽更重要但难以量化），同时有效训练与物理相关的一些数学技巧。学习知识的同时建立物理图像才是学习物理的根本。以我个人为例，除了学量子场论时大量做题外（量子场论有太多需要练习的数学计算技巧，比如费曼参数法，这个是没有物理图像的），大学中学别的物理课程基本没做过作业以外的题，期末复习也是把书看"懂"（其实回过头来看，懂得实在很浅）就去考了，也能获得不错的成绩。现在教书，学生总抱怨我留的作业题太少。

科研想法从哪里来？

------------------------------ **简单想法** ------------------------------

简单想法有套路，用得好可以写出一些不错的文章并发表。但简单想法想要做出大的科学贡献相对较难。不过对于刚入行的同学而言，由浅入深，先有产生简单想法的能力，对于以后产生更有创造性的想法是有好处的。只要别被套路给套住了就好。

论文或报告的讨论环节

一篇好的文章、一个好的报告，在结尾的地方往往会有些启发性的内容和方向。如果作者 / 报告人没有表示自己会继续做这些研究方向，那么你在这些研究方向上可以做一些追随性工作。但要注意学术规范，你发表的文章需要引用启发你的文章。

如果导师允许你对外合作，可以多出去听报告，尝试与作者 / 演讲者联系，表明你的兴趣并展开讨论。这可能是合作的开端。一个好的合作者可能是除了导师之外对你的学术生涯影响最大的人。

推广以及查漏补缺

如果对某个领域比较了解，比如，要猴领域，了解了有什么猴，怎么要。那么，出了一个新的猴，或者一种新的要法，只要别人没做过，马上就可以应用到别的要法，或者别的猴上面。另外，有些研究方向出现一个热点之后，大家经常蜂拥而上，手快的话能发篇文章占个好位置，获得不少引用甚至以此建立一定的学术地位。以前我读博士、做博士后的时候，有时为了炫耀手快，一天就能完成从想法到写完一篇这样的文章。不过这样的事情炫耀一下也就罢了，不能当成做学术的日常打开方式。

交叉，听报告的时候走点神

将两个领域进行交叉，算是有效的简单想法。其本质还是一个领域有猴，一个领域有要法，只要你在两个领域内都受到了良好的训练（训练不够合作凑），实现一个交叉性研究就会变得很简单。但是，这类研究需要有交叉的想象力、创造力，也是不容易的。有很多的科学发现确实就是这样做出的。

我自己的经验，一种有效的交叉是，听其他领域报告听到无聊的时候，就一边听报告一边随便想些本领域自己感兴趣的问题。也许一不小心一个想法就出来了。

对可预期的趋势早做准备

有时候，一些科学突破大概率是可以预期的，比如高能物理里面希格斯粒子的发现、引力物理中引力波的发现等。对于这种可预期的突破，可以早做思考，早做准备。这种思考和准备并不局限于预期有发现的小方向，因为这种突破性的发现可以很快传导到整个大领域，例如，在前两个例子中，希格斯粒子的发现和引力波的发现，就迅速地传导到整个高能物理和引力物理领域。

为产生创造性想法做准备

想要产生更有创造性的想法，难度就明显增加了。创造性想法的产生难度，物理里面有点像指数压低的量子隧穿，计算机里面有点像 NP 问题与 P 问题的区别，文学里面有点像"文章本天成，妙手偶得之"。不过，与其守株待兔期待偶得，不如时时为创造性想法的产生做好准备。

科研品位

想法由心生。科研的价值观要正，想法才能正。当然，科研的价值观、品位是非常主观的东西。前文中我们也提到了一些我个人对品位的理解。

模块化学习

和编程的模块化类似，学习知识也要模块化。按照所谓的开闭原则，学习的时候把知识分成最小模块，厘清各个知识模块之间的依赖关系。这里强调厘清依赖关系，但平时读书考试，甚至教材编写，往往不强调依赖关系。在自己的知识体系中，尽量减少模块间的依赖关系，并把依赖关系搞清楚，对新想法的产生是非常重要的。

有新想法，就好比编程有了新需求，因为新想法会扩展和修改我们头脑里的原有模型。这和为了新需求改程序挺像的。如果以前的知识对新想法带来的知识扩展是开放的，对新想法带来的知识修改是封闭的，这样，就能迅速在脑海中验证这个新想法是否可行。如果只学会了知识，但是不清楚知识之间是怎么互相依赖的，那么修改一部分以后可能会藕断丝连，或按住葫芦起了瓢，最后想成一团糨糊。异想天开的想法很多，这么多新想法没法一个一个全都具体算出来再挑，我们需要迅速挑出最有可能实现的那一个。

深入思考

一些刚入学的同学经常遵循以下研究方式：

```
for project from ideas_of_supervisor:

    project.learn_calculation_technique()

    while project.not_completed:

        while project.know_how_to_calculate:

            project.calculate()

        project.poke_supervisor()

    project.write_paper()
```

以上面这种方式入门没什么不好，毕竟出文章要趁早。但是写了点文章以后，建议转换一下思维，跳出这个循环。思考做什么、怎么做之前，多问几个为什么要做这个事情。尽可能地去深入思考，多追问出几个为什么，包括为什么这样做，以及为什么不那样做。

这是对一个学科有深刻见解的前提，也是无章可循的时候能做得下去的前提。

重建别人的想法

读别人的文章时，不仅要专注于思考人家怎么做的，更要思考人家怎么想出来的。有的时候，科研水平差距太大，真不知道人家怎么想出来的。但是多数情况，别人的文章思路还是有"章"可循的，那"章"叫作introduction。作者讲故事的方式经常是顺着他们想问题的过程来展开的。

了解并尝试解决领域内的大问题

各行各业的研究领域里面都有一系列大问题。通过网络搜索一下，或者听几个著名公众报告就知道了。这些大问题肯定是困难的。在我们的一生中，大概率没机会解决一个大问题。但是，我们应该尝试。在一生的不同阶段，花一定的（可控的）时间，去尝试一下解决这些大问题。因为，只有尝试过了，我们才知道一些随随便便的想法为什么不行；只有尝试过了，这些大问题才能深深地刻在我们心里；只有尝试过了，我们才知道在什么样的启发下，我们有解决这些大问题的可能。

当然，这事不能当饭吃。尝试一下，然后迅速回来继续做吃饭的营生。

了解并尝试领域内的小问题

一个研究领域内，小问题一定很多。有的小问题可能不值得花时间去做。可是，如果有一天你意识到，几个小问题有一个统一而简洁的答案，那么这些小问题可能是一个大问题的冰山一角，而你得到了它。

从领域内在逻辑发现问题

我经常用解析函数来形容对一个领域的理解——从任何一个角度接近任何一个知识点，应该都是能想得通的。但是，一个发展中的领域，经常不是这样的。正如诺贝尔物理学奖得主温伯格所说，这个领域中往往夹杂了种种"上古的英雄传说"、各种不自洽的片段以及一厢情愿而自以为是的猜测，等等。从各个方向思考一个领域的各个知识点，通常会发现其中有不少重要问题其实根本没解决。

为产生创造性想法做努力

把问题深深刻在心里

这样一来，当你碰到问题的答案的时候，可以马上意识到这是这个问题的答案。如果你连回忆起这个问题都要花费很大努力的话，那问题的答案（作为一个十分模糊的想法）多半早已溜走了。

把已知未知放在一起

经常把刻在心里的问题放到头脑里过一遍，特别是，和最近学过的已知内容放在一起。还是拿量子隧穿做个类比，隧穿概率是被势垒宽度指数压低的。知识之间距离近了，都放在一起（工作记忆）想，隧穿没准就发生了。

讨论

交几个值得信赖的（就是不会偷你想法的）老师和朋友，经常和他们讨论各种大小问题，以及你的想法。有时候说着说着，就会有启发。他们的评论也会对你有启发。如果真怕别人偷你想法，买个毛绒玩具猴，对着它讨论可能也有帮助。

给自己空闲时间

如果天天都在被生活追着走，好不容易有点空闲，又去刷朋友圈了，没有给自己留创造的时间，就难有创造的结果。给自己点空闲，做些容易激发自己创造力的事情。如何安排空闲时间因人而异，比如睡觉、洗澡、散步、喝咖啡、听报告。

-------------------------------- **从想法到实施** --------------------------------

提出明确的科学问题和步骤

把模糊的想法转化成数学问题。一个受过恰当训练的博士生应该可以做到这一点。当然，很多想法做着做着就歪楼了。不过一个创造性的想法，就算歪楼，往往也会歪到另一个有意思的楼上去。

确认想法是新的

这事其实挺烦的，但是不得不做。我们必须给前人的成果足够的尊重。这是科学共同体能延续下去的要素之一，也是个人能在学术圈"待"下去的条件之一。找到你知道的、和你的想法最相关的几篇文章，彻查他们引的文章，引他们的文章。看看你的想法有没有在别人文章中出现过。另外，找个你信赖的专家问一问。

其实，我建议有了想法，先"玩"几天，做出个雏形，然后再查文献。反正失望的都是那一下，"玩"几天，"玩"到就赚到了。另外，没准你的想法其实不一样呢，如果马上查文献，可能一个好的想法会被带歪了。

做出成果

Shut up and calculate！干活！干活！

谨慎，再谨慎

和追随别人的工作相比，实施新的想法更容易犯错误。因为实施途径要自己探索。所以一定要从多个角度把工作想通。万一哪个角度有一点疑问，千万不要将就，不要讳疾忌医，因为深究下去没准里面藏着一个大错误。正因为如此，构思新的想法其实很累，比追随别人工作累很多。不过这种累与风险，和探索的乐趣与成就感没法分开。我们只能接受这些挑战。

写理工科学术论文需要哪些工具？

学术论文，最重要的肯定是科研内容。但是除了科研内容，还有哪些要注意，有哪些在搞科研的同时就可以学起来的技能？这里以理工科为例，为大家梳理一下。

- 会用理工科的学术排版软件 LaTeX[108]。

- 学会安装 LaTeX（如 TeXLive 新手推荐完整安装）。

- 找个好用的编辑器（如无特殊喜好，可使用 TeX 套装自带编辑器）。

- 确保编辑器支持英文拼写检查和文件对比功能。

- 会使用常用模板，例如 RevTeX。

- 了解基本命令、插图、公式环境、\cite、\ref、\left、\right 等。

- 了解本专业常用符号在 LaTeX 中的输入方法，例如，\log、\langle、\ll 等。

- 公式环境中，如果要输入的不是变量，而是一个单词或缩写，用

---

108 现在很多人喜欢使用网上提供的 LaTeX 服务。尽管我觉得效率无法和自己的计算机上使用的编辑器相比，但是鉴于很多人如此选择，并且容易合作编辑，所以这里也提出供大家考虑。

Roman 字体，例如 v_\mathrm{eff}，其中 eff 是 effective 的缩写，所以用 Roman 字体。

- 插图时，注意图形文件名中的英文大小写与正文引用时的大小写保持一致（否则 Linux 系统会出问题）。

- 遇到不会打的符号，可以在网上搜画图转命令的网页，会给出对应命令。

会画数据图。用什么软件因科研组而异，如果没有特别专长，可考虑和组里多数人保持一致。画图常见注意事项如下所示。

- 使用方框（frame），而不是坐标轴（axes）。

- 图中选择使用有衬线或无衬线字体时，与正文统一。

- 图中所有字符与正文大小类似，切忌字体过小。

- 不能只依赖配色，不同曲线需要在黑白打印后仍能辨识，此基础上用配色提高辨识度。

- 多个图展现相关内容时图例自洽，例如，参数 A 始终用实线，参数 B 始终用虚线。

- 出图时选择矢量图还是点阵图多考虑一下。矢量图优点：任意缩放不失真，质量高；矢量图缺点：出图慢、因兼容性问题导致显示效果存在差异。所以我通常用点阵图（省心），但很多人推荐矢量图也有其道理。

- 如用矢量图，通常导出格式为 PDF。需注意的常见问题：PDF 要 pdflatex、xetex、lualatex 编译（新版本 tex 已倾向于用这些命令替代原始的latex命令）。确保PDF看起来和作图软件中显示的一致（例如，Mathematica画图时常有区别）。确保简化版PDF查看器仍能看（例如，浏览器中显示不会丢掉透明效果）。确保PDF图渲染不太慢（经常见到有些三维图拖慢整个PDF的显示）。

- 如用点阵图，需注意的常见问题：用pdflatex、xetex、lualatex可直接编译。数据图优先使用png（压缩算法优势，且支持背景透明），照片优先使用jpg（压缩算法优势），示意图可以在png和jpg间比较一下，如大小差别不大优先使用png。确保图像分辨率够高（如横向1000像素以上），插入到文章里显示清晰。

- 如导出图像文件太大（单图1MB以上，或多图总和大于10MB），想办法缩减尺寸。

如何写出一篇规范的学术论文并且不会气到导师？

写论文过程中请注意下述写作规范与技巧。

- 动笔前仔细考虑写作切入点、文章结构，如何突出文章新意，如何拟标题。考虑好后先和导师讨论，再动笔。

- 反复推敲论文摘要、简介、结论等重要部分。仔细想想在不夸大的基础上，如何吸引读者读下去。

- 详略得当。关键部分充分解释，次要部分略写（细节放附录），没用的一句都不要写。

- 出现的符号要记得定义。

- 符号约定：尽量与导师过去文章一致。

- 统一缩写。如：Eq. (1)、Equation (1)、equation (1)、eq. (1)，都可以，但一篇论文中统一用一种。

- 有多种写法的词或短语用法统一。例如，一篇文章中不要同时出现 e-fold 和 efold。

- 同一变量用什么字母和字体需要统一（变量都要在公式环境下写，包括正文中出现时）。

- 如修改已有草稿，以上所述细节注意和草稿保持一致（如真有必要改，要全篇统一改掉）。

- 画的图需要能达到出版要求（除非是那种最终不会放到论文里的临时图）。

- 出现的图、表、附录，正文中都要提到（尽管有时这些内容的作用是显然的）。

- 注意冠词 a、an、the 的使用。

- 另起一行方程的标点：如果把方程当一个词，需要加标点，加在方程末尾，而不是下一行行首。

- 单词和括号之间、单词和 \cite{...} 之间、单词和中文之间，都要加空格。

- 英文写作时遇到用词搭配问题，可参考一些英文写作辅助网站。

- 可以使用 AI 工具帮忙修改论文的语法错误，但勿大段复制。本书写作时，对于在论文写作中，多大程度使用 AI 工具可以被接受还没有定论。在有定论之前，建议谨慎使用 AI 工具辅助写作。

论文交给导师前的注意事项：

- 发给所有人前，作者署名顺序需征求导师意见。

- 如有些人参与讨论而不确定要不要列为作者，发给所有人前征求导师意见。

- 确保所有作者姓名的拼写与以前文章一致（如果有还没发表过论文的新作者，姓名为三个字的问一下对方怎么拼，加不加空格或连字符）。

- 参照导师过去文章，完成作者单位等信息。

- 对比几篇同类代表性文章，确认本文引用合理。

- 按文中出现顺序给文献排序。BibTeX 可自动排序。

- 并列引用文献，如无特殊要求，则按时间顺序排序。

- 文献格式统一。建议使用数据库网站（例如，高能物理领域的 InspireHEP）或文献整理软件（例如，Zotero）。最好显示参考文献标题。

- 用 Word 打开生成的 PDF 文档检查拼写和语法。Word 可以纠正很多简单的语法错误。

- 确认 LaTeX 没有编译错误（有些编译器有编译错误也能生成 PDF）。

- 确认 LaTeX 没有重要的编译警告（例如，缺少文献、标签多次定义）。

- 如导师要论文的 PDF 版本并在上面修改，只发 PDF 即可。不要只发源文件让导师自己编译。如导师要源文件直接修改：确认自己或其他合作者已改好。不要把导师改后的文章再改得面目全非。

写论文，如何写好参考文献列表？

把论文的参考文献写好并不容易。这部分能力不是随着科研水平提高自动提高的。有些人在学术上已经是大佬级了，但还是不会写参考文献，而且常常忽略参考文献的社会属性，写出来的参考文献让同行不高兴。我也不敢说能把参考文献写得很好，不过还是就个人经验斗胆分享和探讨一下。这里从参考文献的几个作用出发，来讨论如何写好参考文献。

注明参考

一篇论文"参考"了其他文献的结论，有些内容不是新的，是建立在前人研究基础上的。顾名思义，这是参考文献最基本的作用。

在 introduction（简介、引言）之后，文章正文部分，如果你不特殊说明某处引用了别人的成果，则默认是属于你原创的成果。所以，如果这部分需要用到一些以前已经存在的"非平凡结论"，务必注意引用。

如果没有引用，则一般存在下述两种可能。

1. 知道其他研究论文中有相同结论，故意不引用。这属于学术不端。

2. 不知道以前有相同结论。这种情况需要尽量避免，但有的时候很难避免，视研究的类型而定。

对于有清晰脉络的一系列研究，如果你的文章是这一系列研究中的一部分，则"不知道以前有相同结论"不是个好理由。因为即使作者孤陋寡闻，这种漏引也是可以通过规范手段避免的，即自己研究的各部分基于哪几篇最重要的文章，这几篇文章有哪些引用，通过网络数据库（高能物理通常用 InspireHEP，基本没有遗漏；另外有通用数据库如 Google Scholar 等；Science Web 实时性差，遗漏较多）查一下这些引用的研究结论。这是做科研的基本功，开展工作同时必须要做的，没做好的话是自己的问题。

对于天马行空想出来的研究思路，查重就难很多。比如我们 multi-stream inflation 的研究工作，早期宇宙演化路径分叉导致宇宙不同部分有不同性质，2009 年做出来至今，被别人"重新发明"了好几次。其原因我很理解：如果按引用重要参考文献来查，我们 multi-stream inflation 的"上级"文献直接就是早期宇宙的暴胀理论，目前被引用次数接近万次了，要求"重新发明"我们模型的作者通过这近万次的引用找到我们的研究是不现实的。在网上搜关键字往往也未必能搜出来我们的工作。所以他们之前不知道我们的研究可以理解，我自己如果发现了，也是善意提醒一下对方就完事了。

最后，"非平凡结论"的意思是，超越教科书水平的结论。比如有的文章，通过给定拉氏量算了个运动方程（本科经典力学教科书水平），还在运动方程处，引一下这个运动方程是哪篇文章里的，这就不必要了。（但是一般来说，如果有相同的运动方程，说明引用文章与你的文章还是有相关性的，在 introduction 中提一下为好。）

因为教学原因，有时我需要读一些六七十年前，甚至更早的文章。这些文章写于"good old days"，这些文章通常引用不超过 10 篇参考文献，只要考虑"注明参考"就好了。但是，现在写参考文献，还要考虑更多。

学术评价

刚开始做研究的同学往往忽视参考文献"学术评价"的属性。目前，参考文献的"学术评价"属性和"注明参考"属性同样重要。

当你意识到你写 introduction 是在做学术评价时，你就会意识到除了引出你的工作外，introduction 的两个额外功能。

（1）对历史负责。你的评价是历史的一部分。不仅是同行之间，甚至可能会有科学史专家和传记作者，从你的评价中总结出这段研究的"历史"。

（2）考虑人际关系，包括：

引用与否：如果你会经常查一下自己文章有没有被人引用，或者关心一篇相关文章有没有引用你的文章，进而对相关文章作者产生好恶，但又没好意思说出来的话，不妨假设别人也是这样的。

引用方式：你可能初出茅庐，但是通过写文章的方式，你是在评价行业大佬。你的评价方式会出现在他们眼前。甚至，你的正面评价可能会出现在他们的基金申请书里面；你的负面评价可能会成为别人搞风搞雨的工具。

当然，这里不是说我们写文章是为这些事情服务的。但是，如果你讲学术报告的时候不想指着鼻子让大佬难堪的话，你也要意识到你的文章可能会达到同样，甚至更永久的效果。我们不指望凭一篇文章引起所有人的极度舒适（特别是在坚持学术标准的前提下）。但是，注意讲话的方式，有助于避免一些人悄悄地生你的气。

考虑到这两点，写 introduction 中的引用，特别是关键引用的时候，就要多考虑下面这几点。

（1）参考一下其他人是怎么引用的。如果其他文章引用方式趋于一致，则代表从历史和关系的角度，这种引用方式大家已经比较接受了。如果你没有很好的理由改变它，则建议沿用以往的引用方式。

（2）除了有特殊考虑外，同时出现的几篇参考文献，如文献 a、b、c，一般按时间排序。如果对贡献有争议，例如其中 a 最早发表，而很多人认为是 b、c 中的成果真正开创了这个研究领域，则引用方式就体现你的态度了。比如引用成 [a,b,c] 表示你认为 a 也起到了开创性的作用；[b,c,a] 认为 a 的作用较弱；[b,c] (see also [a]) 认为 a 的作用更弱；只引 [b,c] 不提 a，认为 a 的作用最弱并不配拥有名字。

（3）如果完全以文章的学术内容来考量，一篇文章参考十篇文献就不少了。但现实是，如果提到一个点，就引用三篇左右最早的文章，一篇文章成文后的参考文献基本是 50 篇以上。我个人觉得学术界应该对参考文献数越来越多的行为有所约束，但是在没有约束的情况下，过于吝惜引用对作者是不利的。

（4）引用也不是越多越好。引一大堆，一是没有意义，二是很难公平引用（除非你引一大堆，这样学术上就更没意义了）。要记得"不患寡而患不均"。如果你引十篇都没引到一个人，这个人在角落里画个圈圈诅咒你的概率比你引三篇没引到这个人的概率大得多。

（5）对于大家都知道的内容，比如已经写入教科书的，可以不引。引的话要引原始文献。一个常见的问题是作者本来不知道这些是标准知识，偶然从最近的哪篇文章读到，就顺手引一下，这种引用很突兀，意义不大。

拓展阅读

让文章好读，给初学者一个参考。特别是，引用一些综述文章作为原始文献的补充。这时，最好不要把原始文献和综述混引，更推荐类似"[原始文献 1, 原始文献 2, 原始文献 3] (for a review, see [综述 1, 综述 2])"这种。

最后对引用再做点注解

　　理解引用的作用，也有助于理解什么样的文章容易发表。期刊的编辑往往也在乎期刊的影响因子（此处"往往"可以去掉）。所以如果你感慨原创文章（如果不是编辑能看出"此帖必火"那种的话）比赶时髦文章还难发，也多理解一下编辑。都说要鼓励原创，但是现实中的操作并不容易。

　　当代科学中，一个领域的学术论文和区块链是很相似的。如果我们把学术研究从本科教科书标准内容到当前科研文章的脉络看成一条链（当然更一般是树状、网状，可以相似讨论），则：

　　Introduction 对这条链上的各文章做概况性回顾，相当于包含了之前节点的 hash。

　　作者需要花功夫做研究（工作量证明），才有资格在 introduction 部分写下回顾。

　　很多篇文章之后，一种类型的文章，introduction 中引用方式基本定型，这也是对这些引用文章学术评价的定型。如果你的文章"上链"了，就"入流"了。

　　因为当代科学的复杂性，别说外行，就算是大同行，都难以评价相邻小领域内的工作质量。所以，很多大同行经常会按照别人文章中的引用方式来评价一篇文章的意义（当然，人际关系会影响这种评价的客观性，没有绝对的客观，只有相对的客观）。类似区块链的不可篡改性，可以让学术评价自发浮现出来。我想，这也是学术论文为什么要写成"八股文"的数学原因。

怎么写文献综述?

文献综述是初学者概括了解一个研究领域的重要途径。有时,在布置课堂作业或者研究课题组内部调研时,导师也会要求学生写简单的文献综述。那么,文献综述怎么写呢?

要不要写?

考虑写文献综述的时机时,需要权衡以下两点。

(1)如果这个领域仍在经历天翻地覆式的发展,文献综述会很快过时。考虑到写文献综述所耗费的大量时间精力,如果文献综述时效性太短,可能等这个领域发展到相对稳定的时机再写比较好。(不过如果是组内导师布置的任务,导师可能考虑的是如何在组内迅速开展这个领域的研究,则几年后文献综述是否过时,不是需要考虑的问题。)

(2)如果这个领域已接近完结,则需考虑大家还有没有兴趣利用此文献综述进入这个领域做研究。如果这个领域已经不再是一个研究领域,但具有教育价值,与其写文献综述,不如写教科书。

综合以上两点,如果一个领域已具有一个稳定内核,开始进入稳定发展的阶段,或者这个领域还有巨大的平稳发展平台期,或者这个领域提供的技术会为其他研究方向带来巨大帮助,则是写文献综述的合适时间。

写法

写文献综述有两种方式:由底至顶(bottom-up)和由顶至底(top-down)。一篇成功的文献综述,可能会由其中一种主导,但要把两种方式综合起来考虑。

由底至顶：

以参考文献驱动，文献综述的核心是科学内容以及谁做过什么。首先找出领域内的几篇核心文献，再彻查引用核心文献的所有文献。（如果是写课堂作业，完成上述要求显然是不现实的，基于几篇核心文献来写应该就够了，具体看老师要求。）将所有文献分类，从中归纳研究的脉络，组织文献综述的章节。每节内分重点讨论的文献，以及一笔带过的文献。由底至顶主导的文献综述写出来的样子，可以参见下例。

Holographic Dark Energy. Shuang Wang, Yi Wang, Miao Li. e-Print: 1612.00345 [astro-ph.CO]. DOI: 10.1016/j.physrep.2017.06.003. Phys.Rept. 696 (2017), 1-57.

由顶至底：

以领域的内在逻辑驱动，文献综述的核心是科学内容，学科内在结构以及发展趋势。找出领域内的核心技术手段或要解决的核心问题。按照这些核心开展。由顶至底主导的文献综述写出来的样子，可以参见下例。

Inflation, Cosmic Perturbations and Non-Gaussianities. Yi Wang. e-Print: 1303.1523 [hep-th]. DOI: 10.1088/0253-6102/62/1/19. Commun.Theor.Phys. 62 (2014), 109-166.

对非常复杂的领域，可以考虑先由顶至底划分成子领域，然后对子领域由底至顶分而治之（子领域由底至顶的原因是很难有人对非常复杂的领域可以做出全局由顶至底的文献综述）。这种方式的文献综述写出来的样子，可以参见下例。

Dark Energy. Miao Li, Xiao-Dong Li, Shuang Wang, Yi Wang. e-Print: 1103.5870 [astro-ph.CO]. DOI: 10.1088/0253-6102/56/3/24. Commun.Theor.

Phys. 56 (2011), 525-604.

注意问题

不是所有文献综述都是编辑约稿，也有作者投稿，作者向编辑写信自荐，等等。

写文献综述注意均匀发力，勿头重脚轻。像长跑一样，在写作过程中，由于准备时间、精力、兴趣衰减等各种原因，文献综述写到后期往往感到越写越累。所以要注意合理安排时间和准备的精力。如有截稿日期，留出较多提前量。

如可能，提出一些新的观点或内容。文献综述不是复读机。在梳理学科脉络的时候，你可能常常会发现其有缺失之处。可在文献综述中加以弥补或提出其中存在的问题，这些都是文献综述的闪光点。

恰当评论他人的研究工作。只要这个文献综述有人看，我们就在影响读者对他人学术贡献的评价。除科学内容外，明确科学立场也是文献综述作者的一个重要责任。并且，这也往往是文献综述写作中最吃力不讨好的地方。基于认知、喜好及心理因素，相信每个人都倾向于高估自己工作的贡献（但愿这里我是以小人之心度君子之腹）。所以，文献综述写得公平，一般也只是无过而已。有不公平的地方，即使无心，也可能会导致同行的不快。在这一点上，我们除了尽力公平，也可以开诚布公地在未正式发表的预印本上加上"comments are welcome"（欢迎指正），并耐心、虚心地接受同行建议。